AF573114

Scholz

Brentano

Clemens Brentano

Günter Scholz

Clemens Brentano

1778–1842

Poesie | Liebe | Glaube

Abbildungsnachweis
Umschlag: Porträt Brentanos von Emilie Linder, ca. 1835
Freies Deutsches Hochstift, Frankfurt: S. 24 und S. 40 unten rechts; alle weiteren Abbildungen: Emmerick-Archiv, Dülmen

Gesamtherstellung: Aschendorff Druckzentrum GmbH & Co. KG, Münster

ISBN 978-3-402-12950-0

Inhalt

Clemens Brentano
Stahlstich von Lazarus Gottlieb Sichling, 1852

VORWORT

Als 1962 das fünfzigjährige Jubiläum des Städtischen Neusprachlichen Gymnasiums Dülmen anstand – so hieß die Schule damals –, wollte man der Schule einen Namen geben. Es lag nahe, dafür den Namen Clemens Brentano zu wählen, denn welche kleinere Stadt kann sich schon rühmen, dass ein weit über die deutschen Grenzen hinaus bekannter Dichter wesentliche Jahre seines Lebens in den Mauern der Stadt verbracht hat? Bei Brentano kommt noch hinzu, dass er in den weltweit verbreiteten Emmerickbüchern die Stadt Dülmen bekannt gemacht hat und heute noch weiterhin bekannt macht. Auch in den neuesten Ausgaben dieser Bücher, auch in den Übersetzungen in andere Sprachen in fast allen europäischen Ländern, in den USA, aber auch in Staaten Südamerikas, steht der Name „Dülmen“. Denn im Titel heißt es: „Nach den Betrachtungen der gottseligen Anna Katharina Emmerich, Augustinerin des Klosters Agnetenberg in Dülmen“. Dennoch gab es damals gegen den Namensvorschlag unerwartet erheblichen Widerspruch innerhalb der Lehrerschaft des Gymnasiums. „Diesen Hallodri kann man doch nicht zum Namenspatron einer Schule machen!“ – „Soll der etwa ein Vorbild für Heranwachsende, für unsere Schüler sein?“

Ähnlichen moralischen Vorwürfen begegnet man immer wieder, wenn Brentano in den Blick der Öffentlichkeit gerät. So war es, als um 1900 seine Schriften zu Emmerick bei der Eröffnung des Seligsprechungsverfahrens der Emmerick in Rom vorlagen[1]. So war es 2004, als Mel Gibsons Film „The Passion of the Christ“ die Kinosäle eroberte und bekannt wurde, Grundlage für das Drehbuch war Brentanos Buch „Das bittere Leiden unseres Herrn Jesu Christi“. In Kommentaren großer Zeitungen flammte wieder die Entrüstung über Brentano auf. Anfang

2008 war wiederum das Leben Brentanos Thema in zahlreichen Medien. Denn der bekannte Regisseur Dominik Graf hatte den mit einigen Preisen ausgezeichneten Fernsehfilm „Das Gelübde" vorgestellt, in dem er, orientiert an dem gleichnamigen Roman von Kai Meyer, Brentanos Begegnung mit Anna Katharina Emmerick darstellt. Natürlich hatten auch die Kommentatoren großer Zeitungen dabei nicht die Zeit, sich intensiv mit dem Leben Brentanos zu beschäftigen. So tauchten wieder die alten über ihn so oft veröffentlichten Klischees auf: Brentano sei in der ersten Phase seines Lebens ein „Lebemann", konnte man wieder in Kommentaren zu dem Film lesen.

War er das? Wer war dieser Brentano?

So haben sich gerade Dülmener gefragt, die in dem Film „Das Gelübde" vorgeführt bekamen, wie Brentano sich vor rund 190 Jahren in den Mauern unserer Stadt bewegt haben soll.

„Sein Leben … darf als der Inbegriff eines romantischen Lebenslaufes gelten"[2], sagt ein heutiger Biograph. Das soll die folgende Darstellung einiger Phasen seines Lebens zeigen.

1. Kindheit und Jugend

„Dein Reich ist in den Wolken und nicht von dieser Erde“

Die außergewöhnliche Situation der Familie Brentano und die Rolle von Clemens in dieser Familie hatten eine ganz nachhaltige Wirkung in der Lebensgeschichte von Clemens Brentano. Der Vater Pietro Antonio Brentano entstammte einem italienischen Kaufmannsimperium, das über einige europäische Länder verbreitet war. Pietro war noch am Comer See, wo die Familie ihren Stammsitz hatte, groß geworden. Erst mit achtzehn Jahren kam er in die Niederlassung des Geschäftes nach Frankfurt. Er war der für das beginnende bürgerliche Zeitalter typische tatkräftige und erfolgreiche Unternehmer, der mit seinem wirtschaftlichen Erfolg gleichzeitig auch seine gesellschaftliche Position in der deutschen Reichsstadt ausbauen wollte. So verdeutschte er seine Vornamen in „Peter Anton“, aber bis zum Ende seines Lebens sprach er besser und lieber Italienisch oder Französisch als Deutsch – schon sehr verwunderlich, wenn man bedenkt, dass sein Sohn Clemens einer der größten Magier der deutschen Sprache ist und seine Tochter Bettine ebenfalls eine deutsche Schriftstellerin von Rang.

Peter Anton verließ bald das Familienunternehmen und machte sich selbständig. Er führte sein Handelshaus zu einem sagenhaften wirtschaftlichen Erfolg. In allen großen europäischen Hafenstädten kaufte er Ware ein: Heringe, Salz, Zucker, Kaffee, Tee, Gewürze bis zu Edelsteinen – alles, was damals auf den Märkten angeboten wurde. Die Ware wurde auf den Märkten der Städte von Händlern vertrieben, die wirtschaftlich von ihm abhängig waren. Der Aldi der damaligen Zeit!

Sein Reichtum war so groß, dass er französischen Emigranten, die vor der Französischen Revolution aus Frankreich geflohen waren, mehr als eine viertel Million Gulden leihen konnte, wovon er kaum etwas wiedersah. Clemens war Zeit seines Lebens nicht auf Honorare angewiesen, sondern konnte von seinem Erbe leben. Dabei war Clemens nur eines der vierzehn erbenden Kinder, die ihren Vater Peter Anton Brentano überlebten. Sechs von den insgesamt 20 Kindern waren schon vor dem Tod des Vaters gestorben.

Neben dem modernen Unternehmer zeigte sich Peter Anton Brentano in seiner Familie als ein Patriarch alten Schlages. Dreimal war er verheiratet, jedesmal mit jüngeren Frauen, wobei der Altersunterschied sich mit jeder Ehe vergrößerte. Die erste Frau war neunzehn, als der 28–Jährige sie heiratete. Sie gebar in sieben Ehejahren sechs Kinder, kurz nach der Geburt des sechsten Kinds starb sie mit 26 Jahren. Mit der zweiten Heirat bahnte sich Peter Anton nach dem enormen wirtschaftlichen Aufstieg seiner Firma auch den Weg in die gesellschaftliche Anerkennung in der Freien Reichsstadt Frankfurt. Die Auserwählte für den inzwischen 39–Jährigen war die 18–jährige Maximiliane von La Roche. Die Familie von La Roche war zwar adlig, aber nicht besonders begütert, suchte in der Heirat die gute wirtschaftliche Absicherung der Tochter und teilte dafür ihr Ansehen mit dem Kaufmann. Der Vater von La Roche war Staatsrat des Kurfürsten und Erzbischofs von Trier. Er vermittelte Brentano ein angesehenes politisches Amt in Frankfurt, das Amt des kurfürstlichen Residenten in der Stadt.[3] Die Mutter, Sophie la Roche, war eine angesehene Schriftstellerin, eine der ersten Frauen in diesem Metier in Deutschland.

Die Verbindung zwischen Peter Anton Brentano und Maximiliane La Roche war sicher keine Liebesheirat, zumindest nicht von Seiten Maxmilianes. Denn sie war die große Liebe des jungen Goethe. Schwärmerisch beschrieb dieser die von ihm verehrte Maximiliane: „…eher klein als groß von Gestalt, niedlich gebaut; eine freie, anmutige Bildung, die schwärzesten Augen und eine Gesichtsfarbe, die nicht reiner und blühender gedacht werden könnte, ein Engel, der mit den simpelsten und wertesten Eigenschaften alle Herzen an sich zieht."[4]

Die von Goethe als so zart und sensibel beschriebene 18–Jährige tauschte mit der Hochzeit den 25–jährigen Goethe mit dem inzwischen 39–jährigen Brentano, der die fünf überlebenden Kinder aus der ersten Ehe mit in diese Verbindung brachte. So wurde Maximiliane von heut auf morgen Mutter von fünf Kindern und musste von da an auf die im Elternhaus gepflegten „Gewohnheiten, wie geistreiche Geselligkeit, Lektüre und Musik verzichten und ein Leben der Pflichterfüllung"[5] führen in der Organisation eines solch großen Geschäftshauses mit all seinen familiären und gesellschaftlichen Verpflichtungen. Sie selbst gebiert in 19 Ehejahren noch weitere 12 Kinder, kurz nach der Geburt des 12. Kindes stirbt die junge Mutter noch vor Erreichen des 37. Lebensjahres.

Die Ehe der Eltern von Clemens Brentano war nicht glücklich; zwar hat der Vater seine Frau leidenschaftlich geliebt und die Mutter hat sich klaglos in ihr Schicksal gefügt. Doch die Lebenswelten der beiden waren zu unterschiedlich. Deshalb glaubte der in der Nachbarschaft wohnende Goethe, er könne seine Beziehungen zu der von ihm weiterhin verehrten Maximiliane weiter pflegen und im Hause Brentano mit ihr musizieren und Gespräche führen, während der Hausherr seinen vielfältigen geschäftlichen Verpflichtungen nachging. Doch bald verbat sich der zu Recht eifersüchtige Ehemann Goethes Besuche.

In diese Ehe wurde Clemens als das dritte Kind der Maximiliane geboren. Seine Mutter war bei seiner Geburt gerade einmal 22 Jahre und nun Mutter von acht Kindern. Der Vater war eine starke Persönlichkeit, unermüdlich tätig, ernst, verschlossen, offensichtlich kaum fähig, Gefühle zu zeigen, er neigte zum Jähzorn. In der damals stark patriarchalisch bestimmten Gesellschaft regierte er seine große Familie mit absoluter Autorität. Bei den vielen geschäftlichen, gesellschaftlichen und politischen Verpflichtungen blieb ihm sowieso nur wenig Zeit für die Familie. Einer der Söhne beschrieb später: „Mit seinen Kindern gab er sich wenig ab, sondern hielt sie nach der Sitte vornehmer Italiener in einer Ehrfurcht gebietenden Entfernung. Erschienen wir vor ihm, so küssten wir seine Hände, und war er dann freundlich, so küsste er unsere Stirn."[6] Besonders die Söhne haben den Mangel an väterlicher Zuwendung erfahren. Clemens sah in dem Vater vorrangig den Geschäftsmann, „auch seine Religion war Spekulation auf den Himmel"[7], seine großzügigen Spenden an die Kirche sein Kaufpreis für die Seligkeit.[8] „Er war rauh und hart. Ein Glück, dass er auch stolz war, so dass er wenig mit uns sprach, und nur seine Mienen uns weh taten."[9] „Ich habe keinen Vater gekannt"[10], beschreibt er rückblickend als 23 –Jähriger das Defizit an väterlicher Liebe.

Weit stärker aber noch als die Erfahrung fehlender väterlicher Liebe ist für ihn, dass er die Mutter für ein Opfer des Vaters hält, „der sie nicht nur durch harte Behandlung, sondern auch noch mit seiner ungestümen Liebe misshandelt."[11] Clemens selbst fühlte sich von dem Vater abgelehnt, sogar gehasst. Denn der Vater hatte wenig Verständnis für den begabten, lebendigen, oft ungebärdigen Jungen. Vor allem missfielen ihm dessen Neigungen zu Märchen und phantasievollen Geschichten und der Widerstand gegen einen kaufmännischen Beruf. Die Mutter musste den Sohn in Auseinandersetzungen vor dem Vater schützen. So entwickelt sich in Brentano eine innige Liebe zu der Mutter. Noch im Alter erinnert er sich daran, wie er als kleines Kind in der Nacht aufwachte „meine Mutter, die im Winter aus der Gesellschaft gekommen war, über mich gebeugt sitzen sah, die das Ave Maria und das Gebet an meinen Schutzengel über mich betete und mir das Kreuz auf die Stirn machte."[12] Die Mutter allein also ermöglichte dem Kind Erfahrung der Liebe.

Umso erschreckender war es für ihn, als die Eltern den sechsjährigen Clemens und die ein Jahr ältere Schwester Sophie zur Entlastung der Mutter aus dem Haus gaben. An die Stelle der Mutter trat damit deren Schwester, Luise von Möhn. Die Tante Möhn hatte selbst keine Kinder, war aber durch eine katastrophale Ehe mit einem trunksüchtigen und gewalttätigen Mann – Brentano beschreibt ihn als „ein grobes Ungeheuer" – in ihren Gefühlen völlig abgestumpft, kalt und lieblos.

Clemens hat später seine Erfahrungen im Hause Möhn beschrieben: „Bei dieser Frau lebte ich ... ein recht elendes Leben, ... morgens kam sie mit eiskaltem Wasser, stellte uns nackt vor sich und ließ es uns aus einem Schwamm über den Rücken laufen. ... Mittags aßen wir unter Aufmunterungen: ‚Halte dich grad, die Hände auf den Tisch, hänge den Kopf nicht so, wie du wieder den Löffel nimmst!' ... Nach Tisch musste ich dem Hund zehn Nüsse schälen, dafür bekam ich eine, die ich mit meiner Schwester teilen durfte."[13] Man kann sehen, wie viel mehr der Frau ihr Hund wert war als die beiden Kinder! Dennoch hatte der kleine Junge so viel Respekt vor der Tante Möhn, dass er nachts im Bett weinte und sich für einen Verbrecher hielt, wenn die Tante ihm zur Strafe für irgendwelche Vergehen abends nicht die Hand zum Küssen reichte.[14]

In einem Saal des Elternhauses, in den Clemens manchmal flüchtete, hing neben vielen anderen Gemälden auch ein Bild, auf dem das Urteil Salomons im Streit um die rechte Mutter eines Kindes dargestellt war: Ein Kriegsknecht hält das Kind am Bein in die Höhe, um es mit dem Schwert in zwei Teile zu hauen. Die richtige Mutter hebt beschwörend die Hände, während die unrechtmäßige ruhig zusieht. Als die Schwester Sophie den verstörten Clemens zitternd vor dem Bild findet, deutet er auf die Gestalten des Bildes und erklärt ihr: „Sieh, der auf dem Throne *(also die Figur des Salomo)*, das ist der liebe Gott; die Frau, die die Hände ausreckt, das ist unsre Mutter; die da so sitzt und ruhig ist, das ist die Muhme, und der Mann, der das Kind zerhaut, ist auch die Muhme, und das Kind bin ich!"[15]

Als Clemens gemeinsam mit seiner Schwester zwei Jahre später in das Elternhaus zurückkehren darf, glaubt er, die Zeit der Verbannung sei zu Ende. Doch er findet zwei neue Geschwister vor. Die 28–jährige Maximiliane Brentano ist nun also die Mutter von 10 Kindern. In den ihr verbleibenden neun Lebensjahren wird sie noch sieben weitere Kinder gebären. So bleibt die so innig geliebte, aber so unendlich belastete Mutter, für Clemens fast unerreichbar. Er flieht nun vermehrt auf den Dachboden des Hauses, wo er sich sein Paradies geschaffen hat. Dort wurde abenteuerliches Gerümpel aufbewahrt: Dekorationen, Wachspuppen, Seidenblumen, Kostüme von Weihnachtsfesten und Familienfesten. Er schmückt sich dort ein großes leeres Fass aus, verziert es außen mit einer Girlande von Morcheln, gedörrten Pflaumen, Mandeln, Rosinen, Feigen, Zitronat, verzuckerten Pomeranzenschalen und Kakaobohnen. Alle Verlockungen und Düfte der weiten Welt verzaubern so seine kleine Welt unter dem Dachboden. In dieses Fass zieht er sich zurück und macht es zum Paradies seiner Träume. Er hat einmal das Wort „Vaduz" gehört. Es hat für ihn einen geheimnisvollen, zauberhaften Klang, und so nennt er dieses Paradies sein „Vaduz". Noch später beschreibt er dieses Vaduz: Es „ist mir noch jetzt das Land aller Schätze, Geheimnisse und Kleinodien,....alle Wundergebirge der Geschichte, Fabel – und Märchenwelt ... lagen mir im Ländchen Vaduz."[16]„Da lebte ich eine Märchenwelt, die über der Wirklichkeit wie ein Sternenhimmel über einer Froschpfütze lag."[17] Als er als Kind erfährt, dass es das Ländchen „Vaduz" in Wirklichkeit gibt und ihm damit die Herrschaft über dieses Ländchen streitig gemacht wird, soll ihn die Frau Rat Goethe getröstet haben: „Lass dich nicht irre machen...dein Vaduz ist dein Land und liegt auf keiner Landkarte...es liegt, wo dein Geist, dein Herz auf Weide geht. Wo dein Himmel, ist dein Vaduz, ein Land auf Erden ist dir nichts nutz. Dein Reich ist in den Wolken und nicht von dieser Erde, und so oft es sich mit derselben berührt, wird's Tränen regnen."[18]

Die kluge und einfühlsame Frau Rat hat den Jungen sicher auf solche Weise getröstet, doch die sprachliche Ausgestaltung dieses Rates ist eine typisch Brentanosche Formulierung. Er hat damit gleichsam das Motto nicht nur für seine Kindheit, sondern auch für seine literarische, eventuell auch für seine religiöse Existenz gegeben: **„Dein Reich ist in den Wolken und nicht von dieser Erde.“**

Der Vater hielt den verträumten, sensiblen, aber auch reizbaren, phantasievollen, aber auch unbändigen Clemens nach wie vor für schwer erziehbar. Die Ausbrüche und die Schelmenstreiche des Jungen waren für die Umgebung auch nicht immer leicht hinzunehmen. Deshalb wurde Clemens nach einem Jahr zu Haus in Frankfurt wieder zunächst zur Tante Möhn, später in ein Internat gegeben. Dieses Internat aber war für Clemens noch schlimmer als das Haus der Tante Möhn. Die Zöglinge waren dort in einem großen Schlafsaal untergebracht, der Erzieher hatte neben seinem Bett eine Stange stehen, womit er jedem Störenfried, wie er sagte, Arme und Beine entzweischlagen werde. Clemens, er ist gerade dreizehn Jahre, leidet so stark, dass er selbst der geliebten Mutter nicht auf ihre Briefe antwortet, da er enttäuscht ist, dass sie die erneute Verbannung zugelassen hat. Nach zwei Jahren holt ihn ein Onkel, dem er sein Leid geklagt hat, wieder heraus und bringt ihn nach Haus. Drei Wochen nach der Rückkehr von Clemens in das Elternhaus stirbt ganz plötzlich die Mutter.

Für ihn, der gerade 15 Jahre ist, bricht eine Welt zusammen. „Meine Mutter starb, ich habe keine Bezeichnung für mein Zurückbleiben, denn meine ganze äußere Welt sank mit ihr. Lange war es mir, als sei auch ich gestorben, alle Tätigkeit verließ mich. Ich saß morgens auf dem Bette und mochte mich nicht ankleiden, denn ich konnte ja nicht zu ihr gehen und sie grüßen.“[19] „Der Tod der Mutter gab diesem Leben einen Riss, der nie mehr ganz verheilte“, sagt Migge, der das seelische Befinden Brentanos am besten dargestellt hat.[20]

In Brentanos Kindheit und Jugend werden Grundmuster seines Lebens sichtbar: **Es ist dies einmal das Gefühl von**

Verlassenheit und Verlorenheit und komplementär dazu die unendliche Sehnsucht nach Liebe. Die strengen Strafen haben zudem in ihm das Gefühl erzeugt, dass er die Verlorenheit, den Mangel an Liebe selbst verschuldet hat. Das ganze Leben quält ihn ein tiefes Schuldbewusstsein. Aber nicht nur das Bewusstsein einer von ihm selbst verursachten Schuld, sondern einer auf seinem Leben, auf dem Leben der Menschen liegenden Schuld. Das zeigte sich schon bei dem Kind in der Deutung des beschriebenen Bildes, wo er glaubt, er würde vor dem Angesicht Gottes in Stücke gehauen. Als 25–Jähriger spricht er in Briefen „von einem rätselhaften Schuldgefühl, unter dem er schon in seiner frühen Kindheit gelitten habe. ‚Ich glaubte, es sei die Erbsünde und das brach mir das Herz.“ – „Keiner weiß und von keinem wird gewusst, ob er ins Leben hinaus geflucht oder gesegnet ist.“[21] Auch nach seiner Begegnung mit der Emmerick und seiner Heimkehr in die katholische Kirche hat ihn dieses Schuldgefühl nie verlassen.

Seine innige Liebe zur Mutter konnte nie in entsprechender Gegenseitigkeit gelebt werden, da die gesuchte Bindung durch seine Entfernung aus dem Elternhaus immer wieder zerrissen wurde. Deshalb konnte Clemens sich auch nicht im Prozess des Erwachsenwerdens von dieser Bindung lösen. Das Bild der Mutter war aber nur ein Erinnerungsbild aus der frühen Kindheit. Denn die Zeit, in der das Bild der Eltern bei Heranwachsenden reale Züge annimmt, hat er nur selten mit der Mutter gemeinsam erlebt. So ist sein Bild der Mutter ein stark idealisiertes Bild. Es rückt in die Nähe, manchmal sogar an die Stelle der Mutter Gottes. Sein ganzes Leben ist er in den Begegnungen mit Frauen auf der Suche nach dieser Mutter. Als er zur Ausbildung als Kaufmann nach Langensalza in Thüringen geschickt wird, bittet er seinen Halbbruder Franz, ihm neben einer Kiste von Büchern vor allem das „Bild mit dem Eichenkranz, sein größtes Heiligtum auf Erden, zuzuschicken“[22]: das Bild seiner Mutter. Seine erste größere literarische Arbeit, die der Zwanzigjährige schreibt, ist der Roman „Godwi – oder das steinerne Bild der Mutter."

An seine Schwester Sophie schreibt er über sein Verhältnis zur Mutter: „Ja, ich bin näher mit ihr verwandt als ihr alle, denn ich habe sie in der Einsamkeit meines Herzens betrachtet, sie erkannt und werde ihr leben, denn sie ist nicht tot."[23] Bei allen Frauen, in die er sich verliebt – es sind recht viele –, findet er große Ähnlichkeit mit seiner Mutter und er schenkt ihnen jeweils ein Bild seiner Mutter. Auch in der Begegnung mit Anna Katharina Emmerick sagt der inzwischen 40-jährige Brentano: „Ich bin ihr Kind geworden."[24] Sieht also auch in ihr seine Mutter. Was ihm in der Kindheit versagt geblieben ist, Kind zu sein, nicht nur verborgen auf dem Dachboden, sondern geborgen in der Liebe der Eltern, der Mutter im familiären Alltag, das blieb lebenslang seine große Sehnsucht. „Er blieb im guten und bösen Sinne des Wortes bis in sein hohes Alter ein Kind, das sich arglos und bedachtlos von den Eingebungen und Eindrücken des Augenblickes leidenschaftlich hinreißen ließ. Er schämte sich einer Kindlichkeit nicht, wohl aber ihrer Unarten, er gedachte vielmehr wehmutvoll jener Kindlichkeit, der alleine die Pforten des Himmels geöffnet sind",[25] sagte sein Freund Guido Görres in Erinnerung an Clemens Brentano.

Clemens Brentano
Zeichnung von Wilhelm Hensel, 1819

2. Der Durchbruch als Schriftsteller

„Ein ganzer Mensch kann nur sein, wer alle Bereiche seines Lebens künstlerisch gestaltet“

In der Pubertät war Brentano zu einem „bildhübschen Burschen“ herangewachsen. Eichendorff, der ihn in Heidelberg als Studenten kennen gelernt hat, beschreibt ihn: „Klein gewandt und südlichen Ausdrucks, mit wunderbar schönen, fast geisterhaften Augen.“ Beim Gitarrespielen sei er „wahrhaft zauberisch gewesen. Die schwarzen Locken fielen ihm von der Stirn, er war in ständiger wirbelnder Bewegung.“[26] Brentano wusste, dass seine Erscheinung besonders Mädchen und Frauen beeindruckte, und versuchte, diesen Eindruck durch extrovertiertre Kleidung noch zu verstärken. So ließ er sich vom Theaterschneider einen papageigrünen Rock, eine scharlachrote Weste und pfirsichblütenfarbene Beinkleider anfertigen.

Die Aufmachung war nicht nur das für Heranwachsende typische Suchen nach einer eigenen Rolle, sondern sie war auch seine Form des Protestes gegen den Vater, der den Sohn mit allen Mitteln in den Beruf des Kaufmannes zwingen wollte. Da Clemens die offene Rebellion gegen den überlegenen Vater nicht wagte, wählte er die Rolle des Harlekins. So füllte er Heringstonnen mit Honig; eines Morgens fand man alle Geschäftstüren ausgehängt, auch im Heiligtum, im Büro seines Vaters. Wenn er im Kontor Geschäftsbriefe schreiben musste, malte er Karikaturen an den Rand: ein raffgieriges Händlergesicht oder eine schmachtende Schöne und setzte den Brief auch schon einmal in Knittelversen fort. Als Clemens einen Brief an einen englischen Geschäftspartner schrieb, mit dem das Handelshaus um die Bezahlung eines verloren gegangenen Zuckerfasses stritt, versah er den Brief mit der Zeichnung eines Hutes, „unter dem zwei Gesichter einander mit gegenseitigem

Ingrimm angrinsten. Dabei standen die Worte: Zwei Narren unter einem Hut, der dritte sie beschauen tut."[27]

Die Empörung des Geschäftspartners über diese Beleidigung machte dem Vater endlich deutlich, er konnte aus Clemens keinen Kaufmann machen. Aber auch alle Versuche, ihn durch ein Studium in einen akademischen Beruf zu bringen, schlugen fehl: Studien der Juristerei, Kameralistik (heute Volks – oder Betriebswirtschaft), Bergbau fing Clemens an, gab aber nach kurzer Zeit auf. Zum Schluss ging er nach Jena zum Studium der Medizin.

Und plötzlich wird eine andere Seite in seinem Leben erkennbar. Er ist nicht nur der verlorene Sohn, nicht nur der mit seinen Clownerien gegen die Ketten des bürgerlichen Berufes Protestierende, nicht der studentische Versager, sondern ein hoch begabter und belesener junger Mann: er beherrschte Italienisch, Französisch und Spanisch, war musikalisch gebildet, spielte Geige, Klarinette und Gitarre, komponierte auch einfache Lieder und war, wie sich schon in den Karikaturen zeigt, auch im Zeichnen geübt. Vor allem aber war er sehr belesen. Neben dem Bild der Mutter musste sein Bruder ihm auch eine Kiste Bücher schicken. So hatte er bewusst die Universität Jena gewählt, denn das war mit dem nahe liegenden Weimar das damalige Zentrum von Philosophie und Literatur. Goethe, Schiller, Wieland, der Theologe und Philosoph Herder in Weimar, Schiller auch Professor für Geschichte an der Uni Jena, dort die jungen Philosophen Fichte, Schelling, der Dichter Tieck, die Brüder Schlegel, gleichzeitig Literaten und Übersetzer von Shakespeare. Er strebte also gar nicht den Beruf des Arztes an, sondern suchte Kontakt zur aktuellen literarischen und philosophischen Diskussion. Der gerade einmal 20–Jährige schreibt an seinen Halbbruder: „Ich habe so viel schon vorgeschritten, dass ich meinen Umgang mit Studenten völlig abgebrochen habe, und nur des Umgangs einiger junger schon vorteilhaft bekannter Gelehrter und der Professoren … genieße."[28] Er hat sich selbständig aus der Welt der Frankfurter Kaufleute, in der

Philosophie und Literatur keine Rolle spielten, herausgearbeitet und ist als der Jüngste Gesprächspartner in den literarischen Salons geworden, in denen sich in Jena die Vertreter der neuen philosophischen und literarischen Ideen treffen. Das Programm der romantischen Clique – wie sie bald spöttisch genannt wurde – war: **„Ein ganzer Mensch kann nur sein, wer alle Bereiche seines Lebens künstlerisch gestaltet und sich von allen Normen der bürgerlichen Philister befreit.“**[29] Mit seinem Widerstand gegen die bürgerlichen Berufspläne seiner Familie war Brentano schon auf gutem Weg, sich von den Normen der bürgerlichen Philister zu befreien.

Doch keiner aus dem elitären Literaturzirkel konnte damit rechnen, dass Brentano, der literarische Autodidakt, in kurzer Zeit dieses Programm auch als Autor umsetzen könnte. Nach einigen kleineren literarischen Arbeiten legt der 23–Jährige 1801 den ersten Band seines Romanes „Godwi – oder das steinerne Bild der Mutter“ vor. Im gleichen Jahr noch schließt er die Arbeit an dem zweiten Band ab, zwischendurch hat er noch ein Drama und ein Lustspiel geschrieben. Er übertraf so mit seiner erstaunlichen Produktivität alle seine Freunde aus dem frühromantischen Kreis.[30] Die Gesellschaft zeigte sich schockiert, denn hier formulierte der gerade in ihren Kreis gestoßene Jüngling „die Anschauungen des Romantikerkreises“ nicht abstrakt in utopischen Theorien, sondern gestaltete sie in einem Roman,[31] das heißt, dem Programm der Romantik entsprechend, in Poesie. In dem Werk brechen sich Brentanos ureigenste Begabungen ihre Bahn: seine **unerschöpfliche Phantasie**, seine **Sensibilität**, sein **Einfühlungsvermögen**, vor allem aber sein **geniales Sprachvermögen**. Der Aufbruch in Jena wurde deshalb für Brentano zu seiner eigenen Befreiung. Der Roman Godwi ist heute zwar weitgehend vergessen. Doch ein Teil der in den Roman eingeflochtenen Gedichte zählt nicht nur zu den besten der romantischen Epoche. Diese Gedichte stehen heute noch in jeder anspruchsvollen Sammlung deutscher Lyrik. Sie werden noch „heute zu den Meisterwerken deutscher Lyrik gezählt.“[32] Man muss sich bewusst sein: Brentano war gerade erst Anfang Zwanzig.

Die Absage der Romantiker an die Philister war der Protest gegen das beginnende bürgerliche Zeitalter, „eine Abwehr gegen die Umwertung aller Werte ins Nützliche.“[33] Für die bürgerliche Welt galten Religion und Metaphysik, Geheimnis und Wunder, Gefühl und Leidenschaft, Phantasie und Abenteuer als Gefährdungen der bürgerlichen Welt und deshalb wurden diese Phänomene weitgehend unterdrückt. Zweck, Funktion, Nutzen wurden so zu herrschenden Werten der bürgerlichen Welt. Dagegen richtete sich der Protest der Romantiker, nicht allein gegen die bürgerlichen Berufe, sondern vor allem auch gegen die bürgerliche Ehe. Dabei ging es gegen den Vorrang der materiellen Absicherung durch die Ehe, gegen die Erstarrung des gemeinsamen Lebens im Alltagstrott. Gerade dieser Bereich des Zusammenlebens sollte „romantisiert“, d. h. den Regeln der Alltäglichkeit entzogen, ständig neu und spontan aus dem Gefühl der Liebe gestaltet werden. Rüdiger Safranski hat in seinem lesenswerten Buch „Romantik – eine deutsche Affäre“ mit einer Definition von Novalis treffend erfasst, was man unter „Romantisieren“ verstehen kann: „Indem ich dem Gemeinen einen hohen Sinn, dem Gewöhnlichen ein geheimnisvolles Ansehen, dem Bekannten die Würde des Unbekannten, dem Endlichen den Schein des Unendlichen gebe, so romantisiere ich es.“[34] Safranski beschreibt, wie im Verlaufe der Aufklärung theologische und metaphysische Deutungen des Lebens immer mehr aufgehoben wurden. Die nackte Realität schob sich in den Vordergrund. Da der Mensch aber das Bedürfnis nach einer Überhöhung des Lebens hat, wird diese Überhöhung des Lebens immer wieder neu, immer wieder woanders gesucht. In der Epoche der Romantik: **in der Kunst und in der Liebe.**

„Weil nun jeder Mensch wohl fühlt, dass er das Paradies verloren hat, und sich daher irgendein Surrogat erschaffen möchte“[35], formuliert Brentano seine Sehnsucht. Wenn man seine Erfahrungen der bedrückenden Realität in der elterlichen Familie kennt, kann man diese Sehnsucht gut verstehen. Ähnlich wie Brentano formulieren alle Romantiker ihren Protest. Brentano aber formuliert nicht nur, er durchlebt diesen Protest. Der Konflikt ging mitten durch seine Person und hat ihn fast zerrissen. Er kommt ja aus dem hochbürgerlichen Milieu. Von der bürgerlichen Welt hat er sich nicht nur in seinen Anschauungen distanziert, am radikalsten formuliert in der Satire „Der Philister vor, in und nach der Geschichte“[36], sondern auch in seiner ganzen Existenz. Mit seinem unbürgerlichen Leben, orientiert am Gefühl und der Phantasie, hat er sich losgesagt von dem auf Rationalität, auf ökonomische Stabilität gegründeten bürgerlichen Leben. Dabei aber muss er immer wieder in den radikalen Abstürzen in seinem Leben erfahren, wie labil eine auf Phantasie und Gefühl gegründete Existenz ist. Es wird ihm auch vor Augen geführt, wie heilsam dagegen bürgerliche Bindungen sind. Denn am Ende fängt ihn in den Krisen seine Familie immer wieder auf, bietet ihm persönlichen Beistand, vor allem aber sichert sie auch seine materielle Existenz durch sein Erbe aus dem bürgerlichen Geschäft seines Vaters und durch die treusorgende Verwaltung dieses Erbes durch seinen ökonomisch geschickten Bruder.

So durchziehen sein Leben folgende Paradoxien:[37]

Er macht die freie Gestaltung der Liebe zu seinem Programm – gleichzeitig aber sehnt er sich nach einer Bindung in der Ehe.

Er lehnt die „Versklavung“ in einem bürgerlichen Beruf radikal ab – gleichzeitig aber beklagt er „das Elend der Berufslosigkeit“[38] und ist am Ende glücklich, als „Schreiber“ der Visionen der Emmerick das sein Leben ausfüllende Geschäft gefunden zu haben.[39]

Er verachtet das Gebundensein an lokale Milieus – gleichzeitig aber erfährt er sein Unbehaust–Sein als Not und sucht immer wieder nach Heimat.

Clemens Brentano
Gipsbüste von Christian Friedrich Tieck, 1803

3. Die erste grosse Liebe, die Ehe mit Sophie Mereau

„O Sophie führe mich ins Leben, führe mich in die Ordnung“

Das antibürgerliche romantische Programm: Kunst und Liebe waren die Themen der Salons, in denen sich die romantischen Zirkel in Jena trafen. Die regelmäßigen Treffen waren nicht nur Podien zur Vorstellung von literarischen Neuerscheinungen, zur Diskussion von philosophischen und ästhetischen Theorien, sondern waren auch Orte des erotischen Spiels. Eine herausragende Rolle in den Jenaer Salons spielte Sophie Mereau, die Frau eines Justizprofessors. Sie war eine damals von vielen, so auch von Schiller, hoch geschätzte Schriftstellerin. Als der 20–jährige Brentano sie kennen lernte, war Frau Mereau 28. Sie war äußerst attraktiv „eine liebliche Erscheinung, eine reizende kleine Gestalt, zart bis zum Winzigen, voll Grazie und Gefühl“, so wird sie beschrieben. Also ganz so wie Goethe die Mutter von Clemens Brentano beschrieben hatte. Alle wussten, dass die Ehe der Mereaus unglücklich war und dass Frau Mereau auch schon mit Liebhabern aus ihrer Ehe geflüchtet war. Sie genoss es, dass sich in den Salons so viele Verehrer um sie drängten, „die nach einem Wort, einem Lächeln von ihr haschten.“[40]

Und nun gesellt sich dieser hochbegabte, gut aussehende junge Mann in den Kreis ihrer Bewunderer, der sich in den Salons auch als ein charmanter Unterhalter erweist: Er ist schlagfertig und witzig, emphatisch trägt er aus seinen Werken vor, singt spanische oder italienische Volkslieder zur Gitarre. Oft entwickelt er aus der jeweiligen Situation heraus aus dem Stegreif Lieder. „Er singt und spielt himmlisch“,[41] sagte Eichendorff. Der begeisterungsfähige Brentano, immer auf der Suche nach der Liebe seiner Mutter, verliebt sich in die reife Frau. An sei-

nen Bruder Franz schreibt er, dass er sich hingezogen fühlt, zu „der vortrefflichen Dichterin, die ganz, körperlich und geistig das Bild der verstorbenen Mutter ist.“[42] Und die Dichterin trägt schon bald in ihr Tagebuch ein: „Süße Stunden mit B.“[43]
Wie Sophie Mereau damals den jungen Mann gesehen hat, zeigt uns eine Büste Brentanos, die er selbst bei dem Bildhauer Christian Friedrich Tieck, einem Bruder des Dichters Ludwig Tieck, in Auftrag gegeben hat. Brentano ist nämlich davon überzeugt, „dass er mit seinen Werken mittlerweile zu den bedeutendsten, den ‚denkmalwürdigen' Dichtern gehört.“ [44] So lässt er in der Büste ein solches Denkmal von sich schaffen und empfiehlt seinen Freunden sich Kopien davon bei dem Künstler zu bestellen.

Schwärmerisch beschreibt Sophie Mereau in einem Sonett die Büste des jungen Liebhabers. Für sie treffen sich in dem Bildnis sinnliche Schönheit (süßes Bild, holde Lippe, schöner Locken Zier, prangende Lippen, sinnende Augen, schalkhafte Wangen) mit der Aura des vom Himmel begnadeten Künstlers.

Welch süßes Bild erschuf der Künstler hier?
Von welchem milden Himmelsstrich erzeuget?
Nennt keine Inschrift seinen Namen mir,
Da diese holde Lippe ewig schweiget?

Nach Hohem lebt im Auge die Begier,
Begeistrung auf die Stirne niedersteiget,
Um die, nur von der schönen Locken Zier
Geschmücket, noch kein Lorbeerkranz sich beuget.

Ein Dichter ist es. Seine Lippen prangen
Von Lieb' umwebt, mit wundersel'gem Leben,
Die Augen gab ihm sinnend die Romanze,

Und schalkhaft wohnt der Scherz auf seinen Wangen,
Den Namen wird der Ruhm ihm einstens geben,
Das Haupt ihm schmücken mit dem Lorbeerkranze![45]

Brentano seinerseits schreibt der Geliebten „faszinierende Liebesbriefe, die zu den schönsten der deutschen Literatur gehören."[46] Die Poetisierung des Lebens scheint also in der Liebe zwischen Brentano und Mereau zu gelingen.

Doch spürte Brentano selbst auch die sein Leben zerreißende Kluft zwischen den himmlischen Augenblicken der Liebe und der Alltäglichkeit: „Ich lebe ein Minuten–Leben, ein beständiger Wechsel von Wachen und Schlafen, süßer Rausch, schreckliche Nüchternheit, kalte Wirklichkeit wirft mich in die Arme der glühenden Täuschung zurück."[47] So drängt Brentano danach, sich ganz in den Augenblicken der Liebe zu verlieren.: „O, schließe mich fest an Dein treues, reges, ewig junges Herz, Du einzig geliebtes, unumgängliches Geschöpf, an Dir vorbei geht nur der Weg zu Hölle, mit Dir ist überall der Himmel" – „O Sophie führe mich ins Leben, führe mich in die Ordnung, gib mir ein Haus, ein Weib, ein Kind, einen Gott."[48] So brennt er – typisch für die Romantik – ganz in der bis in die Transzendenz gesteigerten Liebe. Aber gleichzeitig ist das auch ein Hilferuf, wie ein Kind erwartet er von der Frau, dass sie ihn wie eine Mutter zum erwachsenen Leben führt. Und er unterschreibt seine Briefe auch: „Dein glücklicher, durch Dich sehr glücklicher Junge."[49] Sophie Mereau ihrerseits ist fasziniert von dem charmanten, genialen jungen Mann: „Ich mache oft die Augen zu und sehe Dich dann ganz lebendig neben mir sitzen, Du Sonne und Mond." Dennoch spürt sie, dass Brentano sie mit seiner totalen Hingabe in die Rolle der Mutter drängt, sie damit in ihrer Selbständigkeit und ihrer persönlichen Freiheit erheblich einengt. „Es ist wahr, ein Gefühl ist in mir ein einziges, welches nicht Dir gehört. Es ist das Gefühl der Freiheit."[50] Brentano sieht das als mangelnde Hingabe: „Sophie, warum glaubst Du nicht an mich, warum hast Du einen eigenen Willen?"[51] Er spürt nicht, dass seine totale Hingabe zu einer totalen Besitzergreifung wird. Hier zeigt sich das Muster seiner Liebe: „Brentano hat stets versucht, sich das Du seiner Partnerin so anzuverwandeln, dass zwischen dem Ich und dem Du kein Abstand mehr sein sollte."[52] So hat er auch gar kein Verständnis dafür, dass die jeweiligen Partnerinnen sich dieser totalen Besitzergreifung entziehen. Eigenwilligkeit wirft er ihnen vor, hier Sophie Mereau, später Luise Hensel, auch der Nonne Anna Katharina Emmerick und auch seiner letzten großen Liebe, Emilie Linder. Er hat auch nie begriffen, dass er gerade deshalb mit seiner Liebe gescheitert ist.

Da Sophie Mereau sich vor dieser Besitzergreifung gefürchtet hat, hat sie nach der Scheidung von ihrem Ehemann sich lange gewehrt, ihre Freiheit zugunsten einer Ehe mit Brentano aufzugeben. Erst als sie ein Kind von Brentano erwartet, ist sie bereit, dem langen Drängen Brentanos zu folgen und zu heiraten. Das große Glück der romantischen Ehe, gleichsam die Erinnerung an das Paradies, gelingt nicht. Denn vor allem Brentano kann „diese absolute romantische Liebe, von der beide zunächst restlos erfüllt sind, nicht in eine moderate, realistische Form des Zusammenlebens überführen."[53] Er bleibt gleichsam in dem Reich, das „In den Wolken und nicht auf dieser Erde" ist, wie Frau Rat Goethe gesagt hatte. So schraubt er seine Ansprüche an die Frau immer höher. Da Sophie diese Ansprüche nicht erfüllen kann, stellt er ihre Liebe immer wieder infrage und „steigert sich dabei in seine Selbstdarstellung als Trostbedürftiger, Einsamer, Gekränkter". Sophie sieht in dem plötzlichen Stimmungsumschwung Zeichen für eine seelische Krankheit: „Glaube mir, Lieber, es ist Krankheit, ich beschwöre dich, frage einen Arzt … Du bist wirklich krank, ein Gesunder kann in deiner Lage nicht so fühlen."[54] Hellsichtig hat sie die tiefen Depressionen erkannt, von denen Brentano zeit seines Lebens gequält wurde. Da sie auch seine Liebenswürdigkeit schätzte, versucht sie, ihm mit ihrer Geduld auch zu helfen. So ist sie immer wieder bereit, seine Ausbrüche zu verzeihen. Seine Liebenswürdigkeit zeigt sich z. B. in dem Geschenk, das er Sophie zu ihrer Mutterschaft macht, das Gedicht: „Meine Liebe an Sophien, die ihre Mutter ist." Es ist eines der schönsten Gedichte auf eine Mutter.

In den ersten beiden Strophen spricht der Autor die Mutter an. Ab der dritten Strophe spricht das Kind zur Mutter. Mutter und Kind werden als eine Einheit, als eine abgeschlossene Welt beschrieben, die auch nach der Geburt als solche erhalten bleiben soll, so dass keine Trennung von der Mutter in der Wiege erfolgt, sondern die Arme und der Schoß der Mutter sollen die Wiege bilden. Das Licht erfährt das Kind aus den Augen der Mutter. Ab der 7. Strophe wird die Einheit vom Kind aus erfahren, es teilt Schmerzen und Leiden der Mutter schon im Mutterleibe und tröstet auch die Mutter.

Meine Liebe an Sophien, die ihre Mutter ist

O Mutter halte dein Kindlein warm 1.
Die Welt ist kalt und helle
Und leg' es sanft in deinen Arm,
An Deines Herzens Schwelle.

Leg still es; wo dein Busen bebt, 2.
Und treu herabgebücket,
Harr' liebend, bis es die Äuglein hebt,
Zum Himmel selig blicket.

Du strahlender Augen Himmel, du, 3.
Du taust aus Mutteraugen,
Ach Herzenspochen, ach Lust, ach Ruh'!
An deinen Brüsten saugen!

Ich schau zu dir so Tag als Nacht, 4.
Muss ewig nach dir schauen,
Du musst mir, die mich zur Welt gebracht,
Auch eine Wiege bauen.

Um meine Wiege lass Seide nicht, 5.
Lass deinen Arm sich schlingen,
Und nur deiner milden Augen Licht,
Lass zu mir nieder dringen.

Und in deines keuschen Schoßes Hut, 6.
sollst du dein Kindlein schaukeln,
Dass deine Worte so mild und gut
Wie Träume um es gaukeln.

Da träumt mir, wie ich so ganz allein, 7.
Gewohnt dir unterm Herzen,
Wie all die Leiden, die Freuden dein
Mich freuten und mich schmerzten.

Und war deine Sehnsucht ja allzu groß, 8.
Und wusstest nicht, wem klagen,
Da weint ich still in deinem Schoß,
Und konnte dir's nicht sagen.

Oft rief ich, komm o Mutter komm' 9.
Kühl dich in Liebeswogen,
Da fühltest du dich so still und fromm,
Zu dir hinab gezogen.

Mit Unschulds Armen hielt fest und warm 10.
Ich dich in dir umschlungen,
Und hab' dir kindisch Sorgen und Harm
In Liedern weggesungen.

Was heilig dir zu aller Stund', 11.
Das bin ich all gewesen,
O küss mich süßer Mund gesund,
Weil du an mir genesen.[55]

Natürlich formuliert Brentano in dem Gedicht auch seine eigene Sehnsucht von der Einheit mit seiner Mutter.

Brentano sieht in dem Kind, das seine Frau Sophie gebiert, ein Geschenk des Lebens. Die Vergangenheit mit der Erinnerung an den Tod scheint ausgelöscht. Er ist glücklich, wenn er das Kind im Arm hält. Dennoch mischt sich in das Glück immer noch ein depressiver Unterton. „Es recht mit allem Apparat zu lieben, wage ich nicht, denn es wäre imstande und packte diese Liebe ein und ginge mit ihr in eine andere Welt", schreibt er an eine Freundin.[56]

Die düstere Vorahnung sollte sich erfüllen. Sechs Wochen nach der Geburt stirbt das Kind, auch ein zweites Kind wird nur sechs Wochen alt. „Wir sind sehr unglücklich mit unseren Kindern, meine arme Frau hat unendlich gelitten, zwei so hintereinander kommen, weinen und gehen sehen, das ist ein trauriges Nachsehen, ein trauriges Dableiben",[57] schreibt Clemens an seinen Schwager Savigny. Nach den beiden Geburten hat die Frau noch eine Fehlgeburt. Verzweifelt sieht Brentano seine Hoffnung, ein Kind zu haben, wiederum zerstört. „Du glaubst nicht, wie mich dieser Fall betrübte; es ist, als liege ein Fluch auf meinem Samen", schreibt er seinem Schwager Achim von Arnim.[58]

Aber Brentano ist auch beeindruckt von der Kraft seiner Frau, die diese Krisen durchsteht und ihm Halt gibt. So gewinnt er offensichtlich langsam ein Gespür für die reale Liebe, die er bisher ständig zugunsten der Illusion, der romantischen Liebe, entwertet hat.[59] Diese neue Erfahrung der realen Liebe beschreibt Brentano an seinen Schwager Achim von Arnim: „Wir leben in einer wunderschönen einigen Ehe seit neun Monaten."[60] Gegen ihre Unglücksahnungen ist Sophie auch zu einem dritten Kind bereit. „Ich will dir einen Jungen gebären, wie die Sonne so feurig", verheißt Sophie ihrem Mann bei einem gemeinsamen Spaziergang noch am Tag vor der Geburt. Das Neugeborene aber atmet nicht, man kann es nicht beleben. „Lebt mein Kind?" ruft die Mutter noch, die sich in Schmerzen windet, und stirbt.

Und wieder, wie beim Tod seiner Mutter, bricht für Brentano die Welt zusammen. „Mein Weib ist tot, sie liegt mit dem neugeborenen Kind unter der Erde. Ich kenne mich nicht mehr in der Welt, wenn ich laut jammere, so höre ich, dass ich lebe. Aus dem Leben bin ich gerissen, alles Begonnene ist zerbrochen, was mir bevorsteht, kann ich nicht lieben. Was mir geschehen, ist lauter Jammer. Alles, alles ist hin, ich bin versteint."[61] – „Durch den frühen Tod dreier Kinder und der Frau sah sich Brentano wieder herausgestoßen aus dem Leben. Ein Gefühl der Verdammnis verließ ihn seitdem nicht mehr und zwang ihn in verzweifeltem Suchen von einem Abenteuer ins andere zu taumeln", beschreibt Migge den erneuten Bruch in Brentanos Leben.[62]

28 Jahre ist Brentano, als ihm das widerfährt. Zu der bitteren Erfahrung des Verlorenseins in seiner Kindheit und Jugend kommt die neue Erfahrung von Leid und Tod am Beginn des Erwachsenenlebens. Wir würden heute von einem Trauma sprechen. Das muss die von Sophie Mereau festgestellte depressive Grundstimmung Brentanos noch verstärken.

4. Die zweite Ehe – Auguste Bussmann

„Das Modell der romantischen Liebe –
eine höchst riskante und folgenreiche Idee"

Doch es will gar nicht dazu passen, was neun Monate nach Sophies Tod in Frankfurt zur Sensationsnachricht im Stadtklatsch wird: „Clemens hat die Bußmann entführt!"[63] Tatsächlich war der 29–jährige Clemens in einer Sommernacht mit der 16–jährigen Auguste Bußmann in einer Kutsche aus Frankfurt verschwunden. Clemens Brentano, der extravagante Sohn des größten Frankfurter Handelshauses, entführt nun mit Auguste Bußmann das Mündel von Moritz Bethmann, des damals reichsten Bankiers in Europa. Ein Skandal nicht nur in Frankfurt, sondern für viele im angesehenen Bürgertum im damaligen Deutschland. Unterwegs schreibt Brentano an seinen Schwager Joris in Kassel, der die Fliehenden aufnehmen soll: „Diese Flucht war von so unendlicher Raschheit, und so unvermutet, als die heftige Liebe, die uns zwang, sie vor Umständen zu ergreifen, von welchen wir uns keine Hoffnung machen konnten, je glücklich vereinigt zu werden. So hinausgetrieben von einer Leidenschaft, die mir und jedem Trefflichen stets achtungswert sein soll, wenn sie gleich unbesonnen erscheint, … fordere ich Sie auf, zwei Menschen, die trotz einiger Unbesonnenheit sich dennoch selbst achten können, die Zuflucht bei ihnen suchen, nicht zu verstoßen."[64] Hier formuliert Brentano selbst, wie Gefühl und Phantasie ihn über alle Vernunft und über die bürgerlichen Schranken hinwegreißen.

Die so angesehenen Familien Brentano und Bethmann drängen mit aller Macht darauf, dass das so anstößige Verhältnis der beiden durch eine Ehe in die Formen des bürgerlichen Anstands überführt wird. Was dann auch geschieht. Allerdings wenn die Familien Brentano und Bethmann glaubten, damit sei die Familienehre gerettet, dann hatten sie ihre Rechnung ohne die Protagonisten gemacht. Schon nach drei Wochen ist von Trennung die Rede. Doch zur Verwirrung der Verwandten und Freunde folgen solchen Phasen von gegenseitiger Abneigung wieder Phasen von Versöhnung und leidenschaftlicher Liebe, so dass „jeder, der seine Hilfe anbietet, zu spät kommt, weil die Stimmung in kürzester Zeit umgeschlagen ist."[65]

Offensichtlich ist Brentano immer wieder neu hingerissen von der so offen gezeigten Leidenschaftlichkeit, der sinnlichen Lebenskraft der jungen Frau. Gerade in der Phase, in der er noch bedrückt ist von den Erfahrungen von Leiden und Tod, glaubt der von Depressionen Heimgesuchte darin eine Brücke zum Leben gefunden zu haben. Alle, die ihn kannten, wussten, dass seine depressive Stimmung unvermittelt umschlagen konnte in eine unbändige Lebenslust, die gepaart war mit Sinnlichkeit. Brentano ist nicht nur gefesselt von der erotischen Ausstrahlung, der sprühenden Vitalität der jungen Frau, sondern auch beeindruckt von ihrer Bewunderung des Dichters, der als solcher in der Welt der Frankfurter Geschäftsleute und Bankiers wenig Achtung findet.

Auguste ihrerseits spürt ihre erotische Attraktivität gegenüber dem so extravaganten und berühmten Mann. Sie spielt mit dieser Attraktivität, indem sie in körperlichen Neckereien den Mann für sich zu gewinnen versucht, wenn er von ihr abgelenkt, beschäftigt ist. Ihre jugendlich sentimentale Vorstellung von Liebe ist offensichtlich geprägt von dem Muster populärer Romane. – Sie hat wöchentlich bis zu zwanzig solcher Romane aus Leihbibliotheken bezogen. – Wesentliche Elemente dieser Romane sind: schrankenloser Verehrung eines Helden, Entführung, Flucht, nie versiegende erotische Lust, dramatische Entzweiung, gefühlvolle Versöhnung, Selbstmordversuche aus Verzweiflung an der Liebe, Rettung in letzter Sekunde. Diese Elemente sind auch das Programm der Szenen der kurzen Ehe der Auguste mit Clemens Brentano.[66]

Allzu verschieden sind die beiden in ihren Lebensvorstellungen und Bedürfnissen: Die verwöhnte, „lebenshungrige Auguste sucht nach Abwechslung, Bestätigung und Betätigung."[67] Sie möchte Spaß haben, geht deshalb auch allein zu Bällen und Festen, wenn er am Schreibtisch arbeitet. Was ihn seinerseits zu Anfällen von Eifersucht hinreißt. Er „vergräbt sich in seine literarischen Arbeiten und fordert Anerkennung seiner Arbeit, seiner poetischen Projekte. Zugleich sucht er Geborgenheit und mütterliche Fürsorge."[68] Auguste hat offensichtlich die bewunderte Freiheit des Künstlers falsch eingeschätzt und glaubt, der Künstler lebt, ohne zu arbeiten, kann deshalb immer dem Vergnügen nachgehen.

Wie in so vielen Phasen seines Lebens fühlt Brentano sich dem Problem nicht gewachsen, sucht deshalb Unterstützung bei seinen Freunden und Verwandten. Manche Biographen sehen das als Zeichen dafür, dass Brentano ein Kind geblieben ist: in seinen Phantasien und Träumen, aber auch in der Bewältigung seines Lebens. In einem dramatischen Hilferuf stellt Brentano seine Verlorenheit und seine Wehrlosigkeit in dieser Ehe in von Hass bestimmten Wendungen in einem Brief an seinen Schwager Savigny dar: „Das grundböse Weib … hat trotz aller reuigen Briefe die ganze Zeit ihre niederträchtige wahnsinnige Rolle fortgespielt. Ich bin ihres Anspeiens und Tretens satt geworden und habe sie einige Male tüchtig durchgeprügelt, denn sie ist ein Hund und ein sehr schlechter und böser Hund. Sie ist besessen und ich prügle den Teufel mit rechter Lust. Ein schlechtes böses Weib ist einem armen Schelm wie mir mehr als die Hölle, diese Bestie ruiniert mich ganz: an Leib, Seel und Vermögen."[69]

Auguste aber möchte Brentano nicht verlieren, sie ringt um die Liebe von Brentano in einem verzweifelten Hilferuf in einem Brief an Achim von Arnim: „Mein Leid ist schrecklich, Clemens Clemens, verlass mich nicht … O Mitleid, Mitleid, ich muss schreien vor Schmerz; ende meine Qual. Clemens ich knie vor dir – kannst du mich wegstoßen – ich liebe dich und du hast mich geliebt."[70]

Wie sich schon in der Beziehung von Mereau und Brentano gezeigt hat, sind sich die beiden oft sehr nahe, wenn sie voneinander getrennt sind. Brentano ist immer wieder zu Freunden aus der Gemeinsamkeit der Ehe geflohen. Schon vor der Ankunft bei den Freunden packt ihn aber unterwegs oft die Sehnsucht nach Auguste, die er dann in Briefen formuliert. Dabei gelingt es ihm „seine Briefe mit aller Raffinesse eines begabten Wortkünstlers zu gestalten, dass die Adressatinnen keine Zweifel an der Tiefe und Ehrlichkeit seiner Gefühle hegen."[71] So antwortet Auguste ihm versöhnt: „Du lieber Dichter, kannst zauberisch das geheimste Sinnen, Schweben, Wünschen und Ahnen der Liebe aussprechen, und ich möge denken, du habest dein Herz ausgesprochen."[72]

In diesem Muster der Beziehungen wird der Konflikt sichtbar, der seit der Romantik die Gesellschaft bestimmt: der Konflikt zwischen Individualität und Bindung. In der Romantik war zum Lebensprinzip erhoben: Selbstverwirklichung, das Ausleben der individuellen Fähigkeiten und Möglichkeiten, gerade auch der emotionalen: der Gefühle, der Wünsche, der Sehnsüchte. Das soll auch und gerade in der Ehe verwirklicht werden, in der ja Gefühle auch ihren körperlichen Ausdruck finden. Aber in der Realität der Ehe stößt die individuelle Selbstverwirklichung immer auf die Grenzen, die durch den Partner gegeben sind. Und so kommt es in der Realität des Zusammenlebens zu zerreißenden Konflikten. Ist man von dem Partner getrennt, dann erfährt man in der tiefen Sehnsucht nach ihm, wie wesentlich auch das Element der Bindung ist. Körperliche, sinnliche Entfaltung ist ohne Partner ja gar nicht möglich. Seit der Romantik steht jeder einzelne vor der Aufgabe, in der Realität seines Lebens eine Lösung für den Konflikt zwischen Individualität und Bindung zu finden.

Hans Magnus Enzensberger, der diese konfliktreiche Ehe in dem Buch „Requiem für eine romantische Frau“ dargestellt hat, sieht in der Beziehung von Auguste Bußmann und Clemens Brentano das Modell der romantischen Liebe. Er nennt das: „Eine höchst riskante und folgenreiche Idee! Das Ich in seiner vollen Größe, und das Du, die Seele und der Leib, daraus sollte eine Unendlichkeit werden. ...Eine Erwartung, ein Glücksverlangen, von dem sich frühere Generationen nichts hätten träumen lassen – und zugleich eine gegenseitige Überforderung, die ganz neue Möglichkeiten des Unglücks heraufbeschwor.“

Er beschreibt weiter, dass der „Liebeskampf“ zwischen Auguste und Clemens zum Modell geworden ist, das „in tausend Varianten unsere Theater füllt.“ Aber die „Geschichte ist auch alltäglich geworden.“ „Denn ... in einem Atemzug mit der Entdeckung des unbedingten Gefühls (wurde) auch die Scheidung erfunden.“[73]

So endete auch die einmal so leidenschaftlich begonnene Liebe zwischen Auguste und Clemens in der Scheidung. Brentano hat den letzten verzweifelten Hilferuf der Auguste in einem Selbstmordversuch nur noch mit Verachtung zur Kenntnis genommen. Auguste hat nach der Scheidung noch einmal geheiratet und vier Kinder geboren, aber auch in dieser Ehe ist sie gescheitert und hat sich schließlich das Leben genommen.

Brentano ist ebenfalls innerlich schwer beschädigt aus dieser Ehe gegangen. Er hatte geglaubt, dass Auguste mit ihrem leidenschaftlichen Interesse ihn aus seiner Einsamkeit erlösen und dass sie mit ihrer Vitalität den von Leid und Tod so Betroffenen zu neuem Leben führen könnte. Weil er damit so katastrophal gescheitert war, hätte er gerade jetzt Hilfe gebraucht. Viele aber hatten diese Ehe nur als einen kindischen Exzess Brentanos angesehen. Es fehlte ihnen deshalb das Verständnis dafür. So traf er eher auf Klatsch und Häme als auf Mitgefühl. Er fühlte sich noch mehr vereinsamt als vorher.

Der romantische Traum: den Sinn, die Erfüllung des Lebens in der Liebe zu finden, war zum zweiten Mal und nun wohl endgültig geplatzt. So suchte er schließlich in der käuflichen Liebe bei Prostituierten Tröstung. Es scheint, als wollte er damit seine Illusion von der Liebe zerfetzen. Gleichzeitig „nimmt er – so sieht es ein Biograph – (damit)… heimlich Rache an dem Bild der geliebten Mutter, das ihm eifersüchtig den Weg zu anderen Frauen versperrt hat.“[74]

Allerdings spürt Brentano, dass er damit auf dem Weg ist, sein Leben selbst zu zerstören. Er schreibt später an Luise Hensel über diese Zeit: „Wie arm, verlassen, verworfen und elend ich bin, habe ich mein Leben lang mit heimlichen Tränen gefühlt; selbst im Sündenleben habe ich keine trunkene Minute gehabt, ich bin müde und zerschlagen gewesen.“[75] Der Lebemann dagegen fühlt sich nicht verloren in solchen Situationen, sondern genießt seine erotische und sexuelle Potenz.

Brentano war offensichtlich überzeugt, dass mit der Trennung von Auguste diese so unliebsame Phase seines Lebens abgeschlossen sei. Denn er spricht in seiner ganzen umfangreichen Korrespondenz nicht mehr von ihr. Nur zwanzig Jahre nach der Trennung berichtet er seinem Bruder Christian, dass Auguste, die inzwischen mit einem anderen Mann verheiratet und Mutter von vier Kindern war, sich ertränkt hat. Dennoch zeigen sein weiteres Leben und auch sein Werk Spuren dieser Katastrophe, in der er nicht nur durch die Frau in der Öffentlichkeit bloßgestellt worden war, sondern selbst ein entwürdigendes Schauspiel geboten hatte. „Du hast mich misshandelt, du jagst mich mit wahnsinnigen Reden zu deinem Zimmer hinaus … Wenn ich dich frage, was denn meine Verbrechen sind, so heißt es: der Teufel ist in dir“[76], so hat nicht nur Auguste seine Entgleisungen beschrieben. Mit drastischen Bezeichnungen seiner Frau während des Konflikts – in Briefen an andere – „als Furie, die von einer Tollheit in die andere gefallen“, als „ein schändliches und elendes Geschöpf“[77], in dem der „Teufel“

ist, schiebt er ihr allein die Schuld zu, entlarvt sich mit solchen Formulierungen aber gleichzeitig auch selbst.

In seinem Werk findet die Katastrophe seiner zweiten Ehe Niederschlag in den als „Dirnenlieder" in die Literaturgeschichte eingegangenen Gedichten, in denen er das verführerische Weib verflucht.

> Wohlan! so bin ich deiner los
> Du freches lüderliches Weib!
> Fluch über deinen sündenvollen Schoß,
> Fluch über deinen feilen geilen Leib,
> Fluch über deine lüderlichen Brüste
> Von Zucht und Wahrheit leer,
> Von Schand und Lügen schwer,
> Ein schmutzig Kissen ekler Lüste.
> Fluch über jede tote Stunde,
> Die ich an deinem lügenvollen Munde,
> In ekelhafter Küsse Rausch vollbracht,
> Fluch über jede gottvergessne Nacht,
> Die ich in deinem frechen Bett erhandelt,
> Die ich in toller Liebe überwacht.[78]

Lange haben Interpreten die darin so verführerisch beschriebenen Dirnen als Metapher für die von Brentano als „sündig" empfundene Poesie seiner frühen Jahre gedeutet. Doch dahinter verbirgt sich auch die reale Erfahrung seiner sinnlichen Eskapaden nicht nur in den Dirnenhäusern, die er in Prag und Berlin aufgesucht hat, sondern auch die Erfahrung, den sinnlichen Reizen der jungen Auguste auf eine solch erniedrigende Weise verfallen zu sein.[79] Diese bedrückende Erfahrung einer nicht beherrschten Sinnlichkeit bleibt, so ist zu vermuten, der Urgrund für seine ihn bis an das Lebensende so bedrückende Sündenqual.

Sophie Meraux
Zeichnung von unbekannter Hand

Luise Hensel
Zeichnung von Wilhelm Hensel, 1823

Anna Katharina Emmerick
Skizze von Schmiesing-Kerssenbrock

Emilie Linder
Zeichnung von Rosalie Wieland-Rottmann, 1829/1830

5. Der erfolgreiche Lyriker – der gescheiterte Dramatiker

Nach dem Scheitern der Ehe setzte Clemens Brentano sein unruhiges Leben fort. Er hatte keine Heimat gefunden, immer wieder hat er die Wohnorte gewechselt, oft war er auch zu längeren Aufenthalten bei Verwandten oder Freunden. Trotz der Krisen war er in der bisher beschriebenen Zeit ungeheuer produktiv. Das herausragende Werk dieser Jahre ist die Volksliedsammlung „Des Knaben Wunderhorn“. Diese Sammlung von Liedern hat Brentano zusammen mit seinem Freund und späteren Schwager Achim von Arnim aus alten Handschriften, aus frühen Drucken, aus mündlichen Überlieferungen, aber auch aus zeitgenössischen und sogar aus eigenen Gedichten zusammengestellt und zwischen 1806 und 1808 in drei Bänden veröffentlicht. Der Buchtitel ist formuliert nach dem ersten Lied der Sammlung „Das Wunderhorn“.

In diesem Lied reitet ein Knabe mit einem wunderschönen Horn auf das Schloss der Kaiserin und tritt dort vor die Kaiserin mit ihrem Gefolge. Am Ende seines Grußes beschreibt der Knabe der Kaiserin „Das Wunder“ dieses Horns:

Der schöne Knab sagt auch:
Dies ist des Horns Gebrauch:
Ein Druck von eurem Finger,
Ein Druck von Eurem Finger –

Und diese Glocken all
Sie geben süßen Schall,
Wie nie ein Harfenklang
Und keiner Frauen Sang.

Kein Vogel obenher
Die Jungfraun nicht im Meer
Nie so etwas geben kann.[80]

Das Gedicht eröffnet die Sammlung, und das beschriebene Horn soll gleichzeitig auch der Ursprung der dann folgenden Lieder sein, die so wunderschön klingen wie kein bisher bekannter Klang: Schöner als der Klang der Glocken und der Harfen, als der Sang der Frauen und der Vögel und sogar der Nymphen.

Die Idee zu diesem Werk hatte Clemens Brentano. Was die Gebrüder Grimm mit ihrer bekannten Märchensammlung geleistet haben, das haben Brentano und Achim von Arnim mit dieser Sammlung von Volksliedern geleistet. Wie die Herausgeber der Märchen so haben auch die Liedsammler mit einem sicheren Gespür für die Veränderung der Zeit erfasst, dass sie an der Schwelle des Überganges von einer noch weitgehend mündlich überlieferten Kultur (oraler Literatur) zu einer durch das Lesen bestimmten Kultur standen. Mit ihren Sammlungen haben sie die mündlich überlieferten Märchen und Lieder vor dem Vergessen bewahrt und z. T. sogar der Vergessenheit entrissen und zu einem wichtigen Teil deutscher Kultur, deutscher Identität gemacht.

Wie Eltern, Großeltern, Erzieher und Lehrer, die selbst die alten Märchen nicht mehr im Gedächtnis hatten, auf die Sammlung der Grimmschen Märchen zurückgreifen konnten, um Kindern die Märchen zu vermitteln, so haben im 19. und 20. Jahrhundert Verfasser von Liederbüchern für Studenten, für wandernde Handwerker, der Jugendbewegung, aber auch Komponisten und Dichter aus dem im „Wunderhorn" zusammengestellten Liedgut geschöpft. Deshalb wird jeder schon einmal Lieder gehört und sogar gesungen haben, ohne dass er weiß, dass diese durch Brentano im „Wunderhorn" überliefert sind.

Brentanos Leistung beschränkt sich aber nicht nur auf das Sammeln dieser Lieder. Schon Goethe hat in seiner Besprechung der Liedsammlung festgestellt, dass es sich in dem Werk nicht um eine textgenaue Wiedergabe alter Lieder handelt. Das haben damals nur wenige so gesehen, weil sie das auch nicht erkennen wollten. Denn das „Volkslied" hatte in der romantischen Theorie den Nimbus, als sei es das Kunstwerk schlechthin. Nach dieser Anschauung war das „Volkslied" nicht das Werk eines einzelnen, sondern es war praktisch aus dem Volk hervorgegangen. „Das Volkslied sei die ‚unverfälschte Äußerung der Volksseele", so hat Herder 1771 über das Volkslied gesagt[81]. Daraus resultierte für die Vertreter dieser Meinung auch seine besondere Schönheit.

Goethe aber erkennt die eigenständige dichterische Leistung der Herausgeber, denn sie haben die Lieder nicht nur gesammelt. Sie haben die Lieder textlich und sprachlich bearbeitet und ihnen die in der Sammlung vorliegende Form gegeben. Aus dem Volk wachsende Lieder gibt es für Goethe nicht. Dies gilt heute auch so in der Literaturwissenschaft: Jedes Lied hat einen Verfasser, das von ihm einmal verfasste Lied kann natürlich von Sängern oder Dichtern, die es übernehmen, verändert werden. Dann aber ist es wieder ein Einzelner, der es neu gestaltet, und nicht das Volk.

Diese als „Volkslieder" bezeichneten Lieder sind tatsächlich „Kunstlieder im Volksliedton". Brentano und Achim von Arnim sind also keine buchstabengetreue Sammler der Lieder, sondern phantasievolle Nachdichter. Sie haben die von ihnen gesammelten Lieder durch Umformung und durch Hinzufügung auf eine neue, in ihrer Zeit akzeptierte Form gebracht. Allerdings haben sie ihre schöpferische Arbeit an den Liedern bewusst verschwiegen, da die Liedersammlung von dem Nimbus „Volkslied" lebte. Und so haben auch Germanisten lange Zeit nicht gemerkt, dass die Verfasser eigene in dem „Volksliedton" verfasste Lieder in die Sammlung eingefügt haben. Viele Germanisten hielten gerade einige dieser von Brentano vollständig neu gedichteten Lieder für ganz typisch alte, überlieferte „Volkslieder".

Darin liegt das kaum zu überschätzende Verdienst Brentanos für die Entwicklung der deutschen Literatur: Mit der Liedsammlung „Des Knaben Wunderhorn", aber auch mit seinen vielen, z. T. schon vor dieser Sammlung verfassten Gedichten hat er diesen „Volksliedton" in der deutschen Lyrik durchgesetzt. Zwar war die Sammlung eine Gemeinschaftsarbeit von Achim von Arnim und Clemens Brentano, doch es war „vor allem Brentanos eigener lyrischer Tonfall, der den beliebtesten Wunderhorn–Liedern das unverwechselbare und faszinierende Gepräge gab."[82]

Lange galt für deutsche Dichter das Kunstideal, Gedichte in anerkannten so genannten klassischen Formen zu gestalten. Waren das zunächst Metren, Verse, Strophen der klassischen griechischen und lateinischen Lyrik, so wandte man sich später auch z. T. sehr komplizierten Formen der italienischen und spanischen Literatur zu, alles sehr feierliche, kunstvolle Formen des Sprechens. Die einfache Form des „Volksliedes" hatte lange als zu simpel für ein Kunstwerk gegolten. Brentano mit seinem genialen Sprachvermögen, mit seinem Gefühl für Sprachmusik hat gespürt, dass diese so genannten klassischen Formen dem Rhythmus und dem Satzbau der deutschen Sprache nicht entsprachen, ihr praktisch Gewalt antaten. Und so erspürt er beim Sammeln der deutschen „Volkslieder" den diesen Liedern eigenen Klang. Und er macht den bisher i. a. als simpel empfundenen Ton dieser Lieder zu einer für die deutsche Sprache angemessenen Kunstform, indem er den scheinbar einfachen Ton und die starke Bildlichkeit der Worte aufgreift und in seinen Gedichten melodisch eingängige, aber doch sehr kunstvolle Sprachgebilde schafft. In dieser Wende, das in den Bildern und Sprache „einfache Volkslied" zum Kunstlied zu formen, liegt die literaturgeschichtliche Bedeutung Brentanos. Damit wurden „Des Knaben Wunderhorn“ und viele Gedichte Brentanos zu einem Epoche machenden Werk in der deutschen Lyrik.“[83]

Die phänomenale Leistung von Clemens Brentano, einen der deutschen Sprache abgelauschten Sprachklang in dem „Volksliedton“ zu finden und als Form für Lyrik zu kreieren, wird in der Literaturgeschichte nur wenig gewürdigt, außerhalb der Germanistik ist das gar nicht bekannt. Die Tatsache aber, dass sowohl die Dichter im 19. und 20. Jahrhundert viele ihrer Gedichte in diesem „Volksliedton“ geschrieben haben, dass darüber hinaus auch die Bevölkerung diesen Sprachklang in den so viel verbreiteten Volksliedern und den vielen anderen Liedersammlungen aufgenommen hat, zeigt den durchschlagenden Erfolg des Volksliedtons, gelingt es hier doch, die Sprache des Bildungsbürgertums – bisher die Sprache der Dichtung – mit der Sprache des einfachen Volkes zu verbinden.

Brentanos Bedeutung für die deutsche Literatur liegt also in der Lyrik. Als „Erstarrte Musik“ bezeichnet ein Interpret die Lyrik Brentanos, er meint damit: im gedruckten Gedicht ist die „Musik“ fixiert. „Die Gabe mit Worten zu musizieren, oder besser: der Sprache Wohllaut zu entlocken, war Brentano angeboren.“[84] Und darin sind sich die Interpreten einig: „Höchste innere Musikalität und eine fast einzigartige Bedeutung des Klanglichen sind die auffallendsten Merkmale seiner Werke“, sagt ein anderer.[85] „Keinem Dichter vorher oder nachher ist es gelungen, die in der Sprache schlummernden Klänge zu entbinden.“[86] Man könnte das beliebig fortsetzen. Alle, die sich mit Gedichten Brentanos beschäftigt haben, sind fasziniert von der Klanggestalt seiner Gedichte. Dies soll dem Leser in einem kleinen Ausschnitt aus dem umfangreichen lyrischen Werk Brentanos sichtbar gemacht werden.

Abendständchen

Hör', es klagt die Flöte wieder,
Und die kühlen Brunnen rauschen.
Golden wehn die Töne nieder,
Stille, stille, lass uns lauschen.

Holdes Bitten, mild Verlangen,
Wie es still zum Herzen spricht!
Durch die Nacht, die mich umfangen,
Blickt zu mir der Töne Licht.
(Die durch das Versmaß vorgegebenen Tonsilben sind jeweils unterstrichen)

In jeder Sammlung deutscher Gedichte, in jedem Lehrbuch der Poetik steht dieses Gedicht Brentanos. Was lässt sich schon dazu sagen. Es ist ein so einfaches, für alle verständliches sprachliches Gebilde, es bedarf keiner gedanklichen Auslegung, es gibt keinen verborgenen Sinn. Es ist als sprachliches Kunstwerk ein Gebilde, das man hören muss, so wie man ein Bild anschauen muss. Entweder man erspürt dabei seine Schönheit oder sie bleibt einem verschlossen. Voraussetzung für jede Erklärung dazu ist, dass man etwas von der Schönheit des Kunstwerkes wahrgenommen hat, dann vielleicht möchte man wissen, wie kann ein solches Gebilde diese Schönheit, diesen Reiz entfalten. Nur darüber kann man etwas sagen.[87]

Der Text des Gedichtes war ursprünglich ein auf zwei Rollen verteiltes Lied in dem Singspiel. „Die lustigen Musikanten". Wie bei vielen anderen Werken sind auch aus diesem Singspiel Liedeinlagen von Brentano selbst als selbständige Gedichte veröffentlicht worden. Dieses Kunstwerk besteht nur aus 8 kurzen Zeilen, aus 43 Worten. Die darin beschriebene Begebenheit ist das Erklingen einer Flöte und das Rauschen von Brunnen, also ganz unbedeutend. Natürlich sind viele der 43 Worte ganz typisch für die Romantik: „klagen", „die Flöte", „das Rauschen der Brunnen", „Verlangen", „Herz", „Nacht", „Licht", „golden", „hold". Diese Worte sind für sich schon Träger einer romantischen Stimmung. Das Beeindruckende aber ist, dass Brentano mit diesen einfachen Worten und der so einfachen Liedform ein hoch artifizielles Klanggebilde geschaffen hat, in dem vieles, was die Romantik ausmacht, im Klang hörbar wird.

Der Sprachklang wird bestimmt durch die Farbigkeit der Vokale. Damit das einsichtig wird, verändere ich einmal Wörter, ohne dabei die beschriebenen Tatsachen und ohne die Versform zu verändern:

Hör' man hört die Flöte klingen,
Und die kalten Brunnen rauschen.
Und die Töne nieder dringen,
Stille, denn wir wollen lauschen.

Damit ist der in den wenigen Zeilen so große Reichtum und Wechsel an Vokalen, die Sprachmelodie zerstört.

Worin besteht die dem Gedicht eigentümliche Sprachmelodie? Es ist ein Gedicht im Volksliedton. Jede Strophe besteht aus vier Versen, jeder Vers hat vier Hebungen, im Vers wechselt immer eine betonte mit einer unbetonten Silbe (Trochäus). Für die Sprachmelodie ist bestimmend die Füllung der Tonsilben. Die deutsche Sprache hat viele stumpfe „E" –Laute. In dem ganzen Gedicht aber gibt es nur einen kurzen „E" –Laut in einer betonten Silbe: „Herzen" in der 6. Zeile. In den Tonsilben stehen sonst durchgehend farbige, oft sogar lange Vokale, die natürlich eine noch stärkere Tonqualität haben als die kürzeren. „Hör, es klagt die Flöte wieder" mit der Vokalfolge in den Tonsilben: „Ö", „A", „Ö" „I".

Diese Verwendung von farbigen Vokalen ist ein Teil der von allen Kennern bewunderten Musikalität der Sprache Brentanos. Das ist kein Zufall, denn Brentano war sich der Klangqualität der Vokale bewusst. Er hat sogar ein Gedicht geschrieben, in dem er die Klangqualität einzelner Vokale und die Rolle der Konsonanten beschreibt. Wahrscheinlich ist dieses Gefühl für Musikalität der Sprache ein Teil seines italienischen Erbes. Die italienische Sprache klingt ja wegen ihres Reichtums an Vokalen melodischer als die deutsche.

Der Anfangsvers ist allein schon ein Meisterwerk. Mit dem „Hör" wird der Hörer (Leser) sofort einbezogen in die Melodie. Mit dem „Ö" klingt auch der den Vers und das ganze Gedicht bestimmende „Ö–Laut" an, doch die Tonhöhe des „Ö" fällt in den weiteren Worten zunächst ab in „es klagt", steigt in dem „die", das verhalten klingt, weil es in der Tonsenkung steht, an, erklingt dann voll in dem langen „Ö" in „Flöte", in der durch das Versmaß vorgegebenen dritten Tonstellung.

Im folgenden Vers steht das im Sprechton stärkste Wort „kühlen" in der zweiten Tonstellung, in dieser Variation in der Stellung der besonders betonten Silben zeigt sich die Spannung zwischen Sprechrhythmus und Versmaß, eine notwendige Voraussetzung für melodisch gelungene Gestaltung, denn die völlige Gleichförmigkeit von Versmaß und Sprechrhythmus würden zum einförmigen Geleier führen. Gleichzeitig steht der Konsonant „k" von „kühlen" in der gleichen Position wie das „k" in „klagt" des ersten Verses. Damit wird auch ein germanisches Element der Sprachgestaltung aufgenommen, der Stabreim, d. h. der Gleichklang der Konsonanten am Anfang des Wortes, im Gegensatz zu dem sonst üblichen und auch hier verwendeten Endreim, dem Gleichklang der Silbe oder der Silben am Ende des Verses. Zu diesem rhetorischen Element kommt in „kühlen" noch ein semantisches Phänomen. War die Wahrnehmung zunächst konzentriert auf die Akustik „hören", „Flöte", so ist „kühl" mit der Empfindung der Haut, also haptisch wahrnehmbar. Die Verbindung von kühl und Wasser ruft aber auch noch eine weitere Dimension wach, die emotionale. Das Gefühl ist übrigens schon im ersten Vers mit „klagen" angesprochen, denn allein auf den Klang bezogen „klingt", „ertönt" eine Flöte. „Klagen" aber zeigt Wehmut, eventuell Sehnsucht.

Im dritten Vers wird die Wahrnehmung noch weiter ausgedehnt, „die Töne", übrigens in der gleichen Position im Vers wie „Flöte" im ersten Vers, sind „farbig" und nicht beliebig, sondern in der edlen Farbe „golden", der Farbe des Himmlischen, der Engel. Sie sind auch Teil der Elemente geworden, denn sie „wehn" wie der Wind, sind also wiederum haptisch erfahrbar, und sie kommen von oben.

Im vierten Vers wendet sich das fiktive Ich des Gedichtes wie in der Aufforderung am Anfang: „Hör" wiederum dem Hörer (Leser) zu mit der Mahnung zur Stille, das wird wiederholt, wird also dringend. Mit dieser Beschwörung des Hörers (Lesers) wird er voll einbezogen in das Geschehen, ist eins mit dem fiktiven Ich in dem „uns". Auch geht es nicht mehr einfach um „hören", sondern um „lauschen", d. h. intensivstes hören, hören auf Geheimnisvolles.

Wer beim Sprechen, beim Erklingen der ersten Strophe das hier Vorgetragene mitempfinden kann, der spürt, wie die Wahrnehmung der realen Töne der Flöte, eigentlich nur akustisch erfassbar, auf alle Sinne übergeht. Man nennt das Synästhesie, d. h. wörtlich „Zugleichempfinden". Mit diesem hier so raffiniert eingesetzten sprachlichen Mittel werden die Grenzen der Realität, aber auch die Grenzen zwischen dem Objekt Natur und dem Subjekt Mensch verwischt. Denn die Wahrnehmung wird ja zu einer seelischen Stimmung. Der Hörer (Leser) wird in dem letzten Vers ganz hineingenommen in diese Wahrnehmung mit allen Sinnen, d. h. aber auch der Realität entzogen und von Brentano mitgenommen in seine Zauberwelt der Phantasie, der Poesie. „Verführung ist das große Themenwort in Brentanos Lyrik"[88], sagt Frühwald einer der besten Kenner der Werke Brentanos. Das Mittel der Verführung ist die Sprachmusik. So spricht Frühwald auch davon, „wie der klangberauschte Brentano, dessen Phantasie die Räume des Un –

und des Unterbewussten durchschweift"[89] den Hörer, den Leser mitreißt.

In der zweiten Strophe ist die Realität völlig aufgelöst in Empfindungen, die, so muss man folgern, von dem so kurz genannten Spiel der Flöte ausgehen, nur am Ende der Strophe erinnert das Wort „Töne" noch einmal an die in der ersten Strophe beschriebene Wahrnehmung. Die Anknüpfung an die erste Strophe erfolgt in dem Wort „Holden" in einem Gleichklang, in einer „Assoziation" mit „Golden". So werden die herniederwehenden Töne zu sanften Empfindungen: „Holdes Bitten, mild Verlangen". Und der Klang der Flöte wird nun personalisiert, „wie es süß zum Herzen spricht". Dieses Bitten und Verlangen, beschrieben mit „golden", „hold", „mild" und „süß" aber kann nur die Liebe sein. Am Ende werden die Perspektiven sogar vertauscht: nicht der Hörende sieht das „Licht der Töne", sondern das „Licht der Töne" „blickt" zu dem Hörenden. Eingefangen ist damit die für die Romantik so bedeutende Atmosphäre der Nacht. Im Dunkel der Nacht ist die akustische Wahrnehmung die einzige bleibende Orientierung, die verbleibende Sinneserfahrung.

Dieses Einswerden mit der Natur, die Wahrnehmung der Natur durch die Empfindung, das Gefühl und nicht vorrangig durch die Ratio, den Verstand, das ist ganz typisch für das Lebensgefühl der Romantik. Auch die in dem Gedicht anklingende Melancholie, die Sehnsucht gehören zu diesem Lebensgefühl. In vielen Essays zur Kunsttheorie, in philosophischen Traktaten haben die Romantiker das analysiert und beschrieben. Und da kommt der 24–jährige Student und stellt das in einem Kunstwerk von 8 Zeilen, in 43 Worten dar. Das ist sehr kunstvoll gemacht, aber es wirkt nicht manieriert, man liest es, hört es als ein einfaches, anrührendes Gedicht. Das ist höchste Kunst.

Dieser Einschub einer Interpretation in die auf das Leben Brentanos konzentrierte Darstellung erschien mir sinnvoll, um so wenigstens eine Ahnung zu geben von der sonst abstrakt bleibenden Aussage von der Musikalität der Lyrik Brentanos. Weil sie den Hörer, Leser so in ihren Bann zu ziehen vermögen, sagt Frühwald: „Diese Gedichte flüstern mit den Ängstlichen, sie schreien mit den Verzweifelten, sie lachen mit den Fröhlichen und weinen mit den Trauernden. Sie sind – vielleicht – sogar in der Lage, punktuell die großen Defizite der Moderne, die Verkümmerung unserer Genuss- und Leidensfähigkeit, die Minimierung der großen Passion zu beheben."[90]

So hat schon der junge Brentano sich mit seiner Lyrik einen Platz in der deutschen Literatur erobert, dennoch wird das zu seinen Lebzeiten nicht so recht anerkannt. Vor allem aber die Literaturgeschichte im 19. und in der ersten Hälfte des zwanzigsten Jahrhunderts hat wenig Notiz davon genommen.

Die nachhaltigste Wirkung hat Brentano mit dem in dem Roman „Godwi" enthaltenen Gedicht „Lorelay" erzielt. Das Gedicht ist später von Brentano mehrfach umgeformt und neu herausgegeben worden. Es ist zur Grundlage eines neuen Mythos geworden. Zahlreiche Nachdichtungen z. B. von Eichendorff, Heine, Baudelaire, Hofmannsthal, Apollinaire bis Kästner haben den Mythos aufgegriffen, Maler haben ihn illustriert. Er ist das zentrale Motiv der Rheinromantik geworden, die sich im 19. Jahrhundert an diesen Mythos knüpfte, von dem die Rheintouristik bis heute lebt. Dabei hat sich der Mythos längst von seinem Urheber Clemens Brentano gelöst. Brentano geht es hier wie mit dem Wunderhorn; kaum einer kennt noch den Schöpfer dieses so weit verbreiteten, selbst bei japanischen Touristen bekannten Mythos.

Lange hat man Brentanos Äußerung nicht geglaubt, er habe „die Loreley auf keiner anderen Grundlage als dem Namen Lurlei erfunden."[91] Man war der Ansicht, dass der gerade einmal zwanzigjährige Brentano in seiner Ballade eine alte Sage in Verse gesetzt habe. So spricht Heine noch in seinem Loreleygedicht:

Ich weiß nicht, was soll es bedeuten,
Daß ich so traurig bin;
Ein Märchen aus alten Zeiten,
Das kommt mir nicht aus dem Sinn.

Inzwischen haben ganze Heere von Germanisten und Volkskundlern nach diesem „Märchen aus alten Zeiten" gesucht. Sie mussten sich eingestehen: dieses Märchen hat es nie gegeben. Die Lorelay ist tatsächlich die Erfindung Brentanos.

Der alte Name des Bergmassivs, um das sich die Geschichte rankt, war „LureLai". Darin sind zwei althochdeutsche Wörter verbunden „Lur(e)" – das sind Zwerge, gnomenhafte Geister, Elfen –, und „Lai" – das Wort für Felsen.

Brentano kannte das imposante am Rhein aufragende Felsmassiv schon als Kind, kannte den interessant klingenden Namen und wusste auch um das Echo, das von dem Felsen zurückgeworfen wird. Er hatte auch davon gehört, dass viele Schiffer an dieser für die Schifffahrt auch heute noch so gefährlichen Einengung des Flusses und die dadurch hervorgerufenen tückischen Strömungen mit ihren Booten, Schiffen kenterten.

Brentanos Empfänglichkeit für Klänge macht aus dem Bergnamen den Namen einer Frau: „Lore Lay". Und mit seiner schöpferischen Phantasie, die er nach Zeugnissen vieler, so z. B. auch von Eichendorff in so überreichem Maße besaß, entwickelt er aus den oben genannten Elementen die Geschichte einer Frau, der alle Männer in Liebe verfallen. Damit greift er die in der europäischen Tradition in allen Ländern in vielerlei Mythen oder Sagen überlieferte Geschichte von dämonischen Frauen auf, denen Männer zwanghaft verfallen. Oft sind diese Wesen mit dem Wasser verbunden: Die Sirenen und Nymphen der Antike, die Nixen und Undinen der Sagen und Märchen[92].

Neben diesen inhaltlichen Elementen übernimmt er für die sprachliche Gestaltung der Geschichte auch klangliche Elemente aus der Tradition, um seiner Geschichte „Patina" zu geben.

Diese klanglichen Elemente, die Sprachform für sein Gedicht, findet er in den Strophen des Nibelungenliedes, das ihm aus einer zu seiner Bibliothek gehörenden Sammlung deutscher Gedichte bekannt war.

Ez wuochs in burgonden
Ein schöne magedin.
Daz in allen landen
Niht schöners mochte sin.

Criemhilt geheizzen
Unde was ein schöne wip.
Darumbe muosen daegene
vil verliesen den lip.

Zu Bacharach am Rheine,
Wohnt eine Zauberin,
Die war so schön und feine
Und riß viel Herzen hin.

Und machte viel zuschanden
Der Männer rings umher
Aus ihren Liebesbanden
War keine Rettung mehr.

Auch hier schon zeigt sich wie in der Liedersammlung „Des Knaben Wunderhorn“ Brentanos überragende Fähigkeit, Sprechformen und Sprachmelodien von Vorlagen unterschiedlicher Art so genau zu treffen, dass er damit ganze Generationen von Germanisten genarrt hat. Er hat damit dem Gedicht die Patina gegeben, die auch unter den Zeitgenossen zu der Annahme führte, es handele sich bei der „Lorelay“ nicht um eine neu geschaffene, sondern um eine übernommene Dichtung. Neben der meisterlichen Beherrschung der Sprache zeigt Brentano in dem Gedicht Lorelay seine schöpferische Phantasie, mit der er aus wenigen vorgegebenen Elementen eine so einprägsame Geschichte formt.

Aber all die eindrucksvollen lyrischen Dichtungen haben nicht dazu geführt, Brentano einen gebührenden Platz in der Literaturgeschichte zu sichern. Denn der bleibende Ruhm der klassischen Dichter ist mit ihrem Theatererfolg verknüpft. Brentano ist dieser Ruhm lange Zeit versagt geblieben. Und heute noch ist Brentano deshalb mit seinem dichterischen Werk in der Öffentlichkeit so wenig bekannt, im offiziellen Lesekanon der Schulen nicht vertreten. Sein Werk gehört nicht einmal für Germanisten zur vorgeschriebenen Lektüre. Aber auch innerhalb Brentanos Lyrik ist für den Leser die Orientierung schwer. Denn Brentano hat über 1000 Gedichte hinterlassen, unter ihnen die schönsten Gedichte in deutscher Sprache, zugleich aber auch viele eher zweit– und drittrangige. Brentano selbst hat nie eine von ihm autorisierte eigene Ausgabe von ausgewählten Gedichten herausgegeben. Der Leser ist also darauf angewiesen, selbst in dem umfangreichen lyrischen Werk die Perlen herauszusuchen.

Neben Dichtungen veröffentliche Brentano Rezensionen hauptsächlich von Theateraufführungen und bemühte sich schließlich auch darum, in Wien eine Anstellung am Theater als Theaterdichter zu bekommen. Er wollte sich dort mit dem Drama „Die Gründung Prags" vorstellen. Prag war ja damals noch Teil der Donaumonarchie. Brentano war fasziniert von dem Stoff, denn es ging ihm nicht so sehr darum, den Anfang der Geschichte der Stadt darzustellen, sondern die Zeit vor dem Beginn der Geschichtsschreibung, die in fabelhaften Mythen und Sagen sich spiegelnde Urzeit dichterisch zu erfassen. Götter– und Menschenwelt sind in dieser Zeit noch nicht getrennt. So sind die Heldinnen – die Urzeit ist auch die Zeit des Matriarchats – mit göttlichen Künsten begabte Sybillen, gewissermaßen Gottes teilhaftig. Prophezeiungen und Visionen werden so zum Hauptfaktor der Darstellung und die Schilderung der Personen umfasst ekstatische Zustände aller Art. In dem Drama wird der Übergang vom Matriarchat zum Patriarchat, von dem mythischen Götterglauben zum Christentum dargestellt. In Brentanos Liebesbriefen, vor allem aber auch in seinen Gedichten war bis dahin immer eine unendliche Sehnsucht spürbar geworden. Dieses Drama zeigt: diese unendliche Sehnsucht war letztlich eine Sehnsucht nach Unendlichkeit, die Sehnsucht danach, dass Göttliches im irdischen Leben sichtbar, fassbar wird. Am Ende umfasst das Stück zehntausend Verse, gedruckt mehr als 450 Seiten, ist schon wegen seiner Länge nicht spielbar.

Heinrich Heine schreibt bewundernd über das Stück: „Es sind Szenen darin, wo man von den geheimnisvollen Schauern der uralten Sagen angeweht wird. Da rauschen die dunklen böhmischen Wälder, da wandeln noch die zornigen Slawengötter, da schmettern noch die heidnischen Nachtigallen; aber die Wipfel der Bäume bestrahlt schon das sanfte Morgenrot des Christentums.“[93] Damit erfasst Heine treffend die Stärke der romantischen Dichter: die Fähigkeit, Stimmungen zu beschreiben bzw. poetisch zu erzeugen. Das sind Elemente der Lyrik. Dramatische Dichtung dagegen fordert genaue Charakteristik von Personen und eine klar fortschreitende Handlung. Die unterschiedlichen Elemente der beiden Gattungen sind kaum vereinbar. Brentano stand dabei zusätzlich noch seine überbordende Phantasie im Wege. Allein deshalb fiel es ihm grundsätzlich schwer, einmal begonnene Werke zu vollenden und auf eine annehmbare Länge zu formen.

Die Ablehnung des Werkes „Die Gründung Prags“, an dem Brentano so lange und intensiv gearbeitet hatte, stürzte ihn in eine schwere existentielle Krise. Als Jüngling hatte er sich schon als **„denkmalwürdigen Dichter“** gesehen. Zehn Jahre später erlebt er den Absturz: Keines seiner Dramen wurde gespielt. In Jena hatte er sich voller Enthusiasmus dem romantischen Programm verschrieben: Nicht mehr die Religion, sondern Liebe und Poesie sollten den Sinn des Lebens stiften. Katastrophal gescheitert war er in der Liebe, nun drohte auch das Scheitern in der Poesie.[94]

Clemens Brentano
Radierung von Ludwig Emil Grimm, 1837

6. Die Verknüpfung von Erotik und Religiosität in der Liebe zu Luise Hensel

„Ich fühle, dass mir religiös nicht zu helfen ist als durch das Anschließen an einen Menschen, dem ich unbedingt traue und den ich innigst liebe“

Hartwig Schultz, der wohl kompetenteste Biograph Brentanos, spricht davon, dass Brentano „in dieser Situation den Zusammenbruch aller Werte und Ziele seines bisherigen Lebens wahrzunehmen meint.“[95]

In vielen Briefen und in Gedichten schreit Brentano förmlich seine Verlorenheit hinaus, als er spürt, dass auch die Poesie ihn nicht mehr trägt: „Mein ganzes Leben habe ich verloren, teils in Irrtum, teils in Sünde, teils in falschen Bestrebungen“, beschreibt er, wie er meint, sein totales Scheitern. Und er fährt fort mit einer radikalen Absage an die Kunst: „Meine dichterischen Bestrebungen habe ich geendet, sie haben zu sehr mit dem falschen Wege meiner Natur zusammengehangen, es ist mir alles misslungen, denn man soll das Endliche nicht schmücken mit dem Unendlichen, um ihm einen Schein der Ewigkeit zu geben“, schreibt er 1815 an Wilhelm Grimm.[96] Damit sagt er sich los von dem romantischen Credo, wie es Safranski formuliert hat: „Indem ich dem Gemeinen einen hohen Sinn, dem Gewöhnlichen ein geheimnisvolles Ansehen, dem Bekannten die Würde des Unbekannten, dem Endlichen den Schein des Unendlichen gebe, so romantisiere ich es.“[97] Brentano ist da 37 Jahre alt. 20 Jahre später erinnert er sich, wie er damals „ohne Glauben hinirrte … ohne Steuer und Mast. Wie Robinson auf einer Sandbank gestrandet war, lag ich nachts in großen Seelenleiden auf meinem Lager und dachte …, ob denn gar kein Punkt sich finde, woher ich Rettung erschreien könne. Da gedachte ich, dass ich als kleiner Knabe manchmal nachts meine

Mutter …über mich gebeugt sitzen sah, die … betete und mir das Kreuz auf die Stirne machte. Da knüpfte ich an …, es war der einzige Faden, an dem ich mich gerettet habe.“[98]

Doch der Faden der Erinnerung an die Mutter reichte nicht aus, ihn zur Religion zurückzuführen, von der er sich Rettung erhoffte. „Ich fühle …, dass mir religiös nicht zu helfen ist, als durch das Anschließen an einen Menschen, dem ich unbedingt traue und den ich innigst liebe. Dieser müsste mich an sich bannen durch die göttliche Atmosphäre der Unschuld und Frömmigkeit und mich leiten wie einen freiwilligen Blinden, denn mir selbst kann ich nicht trauen.“[99] Es ist die Rolle des Kindes, die er sich selbst zuschreibt, das der Führung bedarf. Den gesuchten Anschluss an einen lieben Menschen findet er in Berlin in der Pfarrerstochter Luise Hensel, die er in einem der Berliner Salons kennen lernt. 18 Jahre ist sie, die dem 38 –Jährigen die Sicherheit auf seinem Weg zum Glauben geben soll!

Wie kann sie in diese Rolle geraten? Das hat zunächst rein irdische Gründe. Luise gilt als „eine vollendete Schönheit“, etwas blumig beschreibt eine Freundin, dass Luisens „Vergissmeinnichtaugen für sich allein mehr Anziehungskraft ausübten als die …. Blumen am Bachesrand“[100]. Brentano findet in ihr „Unschuld und Frömmigkeit“, wonach er sich so intensiv sehnt, also genau den Kontrast zu den Frauen, mit denen er zuletzt verkehrt hat. Gleichzeitig ist Luise Hensel, die Tochter eines protestantischen Pfarrers, auf der Suche nach ihrem religiösen Weg und dabei auf der Annäherung an die katholische Kirche. Hat sie anfangs gemeint, sie könnte bei dem Katholiken Brentano eine Hilfe auf diesem Weg finden, so muss sie feststellen, dass er mit seiner Rückkehr zur Kirche, von der er sich mit seinem Leben innerlich getrennt hat, auf dem gleichen Weg ist.

Faszinierend für Brentano ist: Luise Hensel hat ihre Frömmigkeit auch noch in Gedichten ausgedrückt. Das für viele Generationen gültige Abendgebet: „Müde bin ich geh zur Ruh…“

stammt aus ihrer Feder. Luise gibt ihm ein Heft mit ihren Gedichten. Dichtkunst hat hier nicht mehr selbst den Charakter einer Religion, wie das Programm der Romantik forderte, sondern Dichtkunst steht im Dienst der Religion. Für ihn auch ein Neuanfang für sein eigenes Schreiben und Dichten.[101] Aber die Bekanntschaft mit Luise Hensel eröffnet ihm auch einen Neuanfang in der Liebe. Nun hat er, dessen Leben in der Liebe und in der Kunst so heillos war, das Heil gefunden, in der **Liebe**, in der **Kunst** und in der **Religion**. Offensichtlich sieht der älter werdende Brentano in der Beziehung zu Luise auch die letzte Chance zu einer ehelichen Verbindung und zur Erfüllung seines sehnlichsten Wunsches nach einem Kind.

In einem langen Gedicht an Luise Hensel beschreibt er sein Leben als Wanderung durch die Wüste auf der Suche nach seinem Glück[102], wo er aber nur den Furien begegnete, die seine Kinder und seine Frau dem Tod und ihn selbst der tiefsten Verzweiflung ausliefern. Vor dem Verdursten in der Wüste aber rettet ihn ein Engel, der sich mit großen Schwingen auf ihn herabsenkt.

Der Engel ist ein weibliches Wesen: Es ist Luise Hensel, die ihm zum Engel der Wüste wird:

> Da kniete ich vor ihr nieder,
> Sie legte ihr tauicht Gefieder
> Wohl kühl um mein glühend Haupt,
> Und sang mir die Pilgerlieder
> Da hab' ich geliebt und geglaubt.
>
> Da sah ich den Himmel wohl offen
> Kühl kam herniedergetroffen,
> Die himmlische Segensflut,
> Da konnte ich endlich auch hoffen,
> Auf meines Erlösers Blut.

Sie sprach wohin meine Reise
Du Blinder irrest im Kreise
Willst du auf Bethlehem zu,
Vergönne, dass ich dich hinweise,
Nach Babylon gingest du.[103]

Die in dem Gedicht beschriebene Situation ist nicht nur von religiösen Ritualen bestimmt: „Niederknien, Pilgerlieder singen", sondern das Ineinander von Liebe und Religion durchzieht das ganze Gedicht: „Da hab ich geliebt und geglaubt." Die Geliebte, hier „der Engel", bringt ihn vom Sündenweg („nach Babylon") ab und öffnet ihm den Himmel. Das ist von Brentano nicht nur metaphorisch gemeint, sondern das Motiv der Erlösung tritt seit seinem Scheitern immer stärker in den Mittelpunkt seines Denkens und Fühlens. Erlösung aber wird eng verknüpft mit dem Blut Christi, was ihn bald auch zu Anna Katharina Emmerick führen wird.

Da sang ich, reich treulich die Hände,
Die Augen nicht vor meinem Ende,
O Schwesterlein von mir
Nur nimmer, nimmermehr wende,
Du, ich, wir sind nur ein Wir,

Ein Tempel sei wo wir knieen
Ein Glück sei, für das wir glühen.

Es wird nicht nur eine bis an das Lebensende reichende Lebengemeinschaft beschworen, sondern das Aufgehen von „Du" und „Ich" in der Einheit des „Wir", verortet nicht mehr in der Welt, sondern in einem Tempel, in einer religiösen Ekstase („knieen", „glühen"). Die Liebesbegegnung mit Luise Hensel wird gleichsam zu einem religiösen Akt, die Geliebte zum Engel. Und so mündet die Begegnung in dem Gedicht in der Gewissheit, dass diese Begegnung von Gott gefügt ist:

> Ich habe des Herren Wort,
> Dein Herz hat Gott mir gegeben.

Auch in den Briefen an Luise Hensel finden sich gehäuft religiöse Metaphern. „Du hast alles, was mir fehlt und das verlorene Leben schreit mich bei Deinem Anblick an. O, lass mich trinken aus Deiner Hand, denn Du sollst mich heilen“,[104] schreibt er ihr. „Seine fast ins Unerträgliche gesteigerte Erlösungssehnsucht und sein schwer lastendes Schuldgefühl“[105] werden so eng mit der Liebesbeziehung verquickt, dass die Geliebte fast zum Heiland für ihn wird. Brentano hat selbst die Erklärung für diese ins Religiöse gesteigerte Liebessehnsucht gegeben: „Da die Zeit mir den Glauben genommen hatte, so konnte sie mir doch nie das Bedürfnis dazu nehmen. Meine Liebe, meine Hinneigung zu anderen waren die Sakramente, von welchen ich allen himmlischen Trost begehrte, und so musste freilich meine Hoffnung oft niederbrechen.“[106] Damit hat Brentano auch das tiefe Erschrecken vieler Menschen im 19. Jahrhundert formuliert: das Erschrecken vor dem durch die Säkularisation leer geräumten Himmel. Die Liebe bekommt damit eine unermessliche Dimension, wird sie doch ins Transzendentale übersteigert und der Geliebten wird eine übermenschliche Rolle (Engel, ja geradezu Erlöserin) zugeschrieben, die jeden Menschen, so auch die junge Luise überfordern muss.

Es ist nicht auszuschließen, dass Luise sich von diesem religiösen Druck etwas entlasten möchte, als sie Brentano zur offiziellen Rückkehr zur katholischen Kirche in einer Generalbeichte drängt. Im Januar 1817 legt er dann auch eine solche Generalbeichte bei dem Probst Taube in der Hedwigskirche ab. „Ein großer Sündenhaufen“, wie der immer auch zur Selbstinszenierung neigende Brentano kundtut. Doch er lässt es nicht bei dieser Bemerkung, sondern er teilt ihr diesen „Sündenhaufen“ in dem mehrseitigen Konzept seiner Beichte auch mit. Luise ist davon sehr betroffen, denn sie hat darin Sünden gefunden, die sie bis dahin noch gar nicht gekannt hat.

Natürlich war sie beeindruckt, dass der in der Berliner Gesellschaft so bekannte Dichter, der geistreiche Unterhalter sich gerade für sie interessiert, sich sofort ihre Gedichte erbittet, ihr lange Briefe schreibt, in die Briefe eigens für sie verfasste Liebesgedichte einflicht. Doch mehr und mehr fühlte sie auch, wie sie von Brentanos Liebe erdrückt wird, und versucht deshalb, in der Beziehung eine gewisse Distanz herzustellen und einzuhalten. Brentano spürte die zunehmende Distanz, umwarb sie deshalb umso ungestümer in Briefen mit seinen Zauberworten. In seiner Besitz ergreifenden Art verfolgt er sie fast; er schleicht nachts um ihr Haus, wartet stundenlang bis spät in die Nacht vor ihrem Haus, nur um sie bei ihrer Rückkehr von einem Besuch vorbeigehen zu sehen.[107]

Schließlich macht Luise dem so intensiv werbenden Clemens deutlich: „Sie könne nur rein schwesterlich für ihn empfinden, wolle überhaupt keinem Manne die Hand geben, ihm, dem Freund, aber im ganzen Sinne des Wortes Schwester sein und auch geistig alles mit ihm tragen und teilen, da sein aufrichtiges Ringen nach Gott sie gerührt habe.“[108] Als er das erfährt, bricht wieder einmal eine Welt für ihn zusammen: „Vergeblich!“ schreit er ihr quasi in einem Brief entgegen: „Kennst du dies schreckliche Wort? Es ist die Überschrift meines ganzen Lebens.“[109] Und er steigert sich in eine wüste Anklage: „Weißt du was du getan hast, als du mein Herz von Gott annahmst? Du hast eine Pflicht genommen, es zu heilen und zu heiligen.“ – „Wenn du vor den Herrn kommst, wird er dich fragen: ‚Wo hast du das Herz dessen, den ich dir übergeben habe?‘ und ich werde dir nachschreien mein Vergeblich bis jenseits der Ewigkeit!“[110]

7. Die euphorische Phase in der Begegnung mit Anna Katharina Emmerick

„Du hast mich liebvoll aufgenommen wie Jesus es und Jesu Freundin kann“

Nach diesem empörten Ausbruch reift aber in Brentano die Erkenntnis, dass er das Heil nicht von anderen erwarten kann, sondern dass er sich selbst ändern muss. Er spürt auch, dass er Luise nicht in die Rolle seiner Lebenspartnerin zwingen kann, dass er aber fürchten muss, die Freundin zu verlieren, die trotz seiner heftigen Angriffe zu ihm steht. Und so schreibt er ihr schließlich: „Also sei getrost! Ich begehre Dein nicht auf eine Weise, die Deine innere und äußere Reinheit verletzten könnte, und doch tut mir das Maß der Entsagung weh.“[111] Es wird ihm schwer zu verzichten, seine Sinnlichkeit einzuschränken. In einem Gebet zu Christus am Tag vor dem Abendmahl, bei dem er das Blut Christi empfängt, formuliert er:

Lass, was bös in meinen Sinnen,
Alle heiße Erdenglut,
Heut aus meinen Adern rinnen,
Morgen dann gib mir dein Blut.[112]

Eine andere Strophe lautet:

Mit dem Blute wird verschuldet,
Mit dem Blute wird versühnt,
Du Herr hast die Pein erduldet,
Ich, ich habe sie verdient.[113]

Sein Schuldbewusstsein und seine Erlösungssehnsucht sind in Gedichten dieser Zeit immer wieder ausgedrückt in dem Begriff des Blutes. Dabei spielt er mit der zweifachen Bedeutung des Blutes: Einmal das eigene Blut, identisch mit dem irdischen Verlangen, der Leidenschaft, der Sinnlichkeit – zum anderen das Blut Christi, das die Schuld abwäscht. Dieser Gedanke von dem Blut Christi, das die Sündenschuld wäscht, gehörte zu den Andachtsformen der pietistischen Kreise, in denen Luise Hensel und Clemens Brentano in Berlin verkehrten. Eine solche Verehrung der Wundmale Christi und seines Blutes liegt ganz nahe bei dem Phänomen der Stigmatisation. Das ist auch die Brücke, die Brentano zu Anna Katharina Emmerick führt. So spricht er in einer weiteren Strophe des Gedichtes.

> Und ich weiß doch, es gibt Seelen
> Brennend so in reiner Glut,
> Dass sie deine Wunden zählen
> An sich selbst in Wunderflut.[114]

Die an sich selbst die Wunden Christi zählen, das sind die Stigmatisierten. Sie tragen Liebeswunden, denn diese Seelen brennen in reiner (Liebes–) Glut zu Christus. Und die Seele, von der er das weiß, ist Anna Katharina Emmerick.

Ein Mitglied des Berliner Kreises hatte von seinem Besuch am Krankenbett der Emmerick in Dülmen berichtet. Getrieben von dem Wunsch, dieses ihn so tief berührende Phänomen zu sehen, gedrängt von Luise Hensel, macht er sich von Berlin aus auf den Weg nach Dülmen. Es sollte eigentlich nur ein kurzer Besuch werden.

Joseph Adam, der beste Kenner der Begegnung Brentanos mit Anna Katharina, beschreibt Brentanos Aufenthalt in Dülmen so: „Wieder einmal ist … eine Frau in die innersten Bezirke seines Lebens getreten. … Aber diesmal ist die Frau, die ihn, den knapp vierzigjährigen, geistig wie körperlich noch immer bezaubernden Dichter, in ihren Bann zieht, eine vierundvierzigjährige, kranke und wesenlose Nonne. Die Tatsache, dass gerade diese Frau den bisher nirgends zur Ruhe gekommenen Wanderer mehr als fünf Jahre lang, bis zu ihrem Tod, an ihr einsames und mühseliges Krankenlager zu binden vermochte, ihn, der schon bei so manchen Frauen vergeblich eine dauerhafte Bindung gesucht und nebenbei eine entschiedene Vorliebe für schöne Sünderinnen gezeigt hatte, diese Tatsache ist eine der erstaunlichsten Episoden der abenteuerlich bewegten romantischen Lebensläufe."[115]

In Briefen an Luise Hensel hat Brentano seine Begegnung mit Anna Katharina Emmerick beschrieben:

„Ich war durch ihre wunden Hände auch gar auf keine Weise erschüttert, es freute mich, dass sie ein so heiliges, edles Zeichen an sich trug, und mit ungemeiner innerer Freude bewegte mich ihr reines unschuldiges Antlitz, ihre lebhaften braunen Augen, ihr freundlicher reiner Mund, ihre freudig geröteten Wangen, die unschuldige Raschheit ihrer Rede, ich war gleich zu Haus. .... Alles, was sie sagt, ist schnell, kurz, einfach, einfältig, ganz schlicht, ohne breite Selbstgefälligkeit, aber voll Tiefe, voll Liebe, voll Leben, und doch ganz ländlich, wie eine kluge, feine, frische, keusche, geprüfte recht gesunde Seele."[116]

Man spürt, wie tief er angesprochen ist von dieser Frau, die ja nur mit ihrem Gesicht „sprechen" kann, da ihr Körper unter der Bettdecke liegt. Es ist ein schönes Gesicht, wie er auch noch nach Jahren feststellt, auch nachdem er in den Phasen ihres Leidens ihr von Leiden und Krankheit gezeichnetes Gesicht kennen gelernt hat. Auch dann immer noch: „Ein Gesicht, ganz klar, jung blühend in glänzender, lächelnder Freude und Schönheit zu sehen."[117]

Vor allem aber findet er, der mit Schuld Beladene, darin Unschuld. In vielfältigen Variationen beschreibt er das: „unschuldig, rein, keusch, gesund." Auch die Adjektive „schlicht und einfältig" drücken das noch aus, denn er meint damit „natürlich", „ohne Selbstgefälligkeit". Gerade der von ihm so oft mit großer Sehnsucht verwendete Begriff „einfältig" ist nur zu verstehen aus der ihn so quälend belastenden eigenen Zwiespältigkeit, der Zerrissenheit, die er als sein bisheriges Schicksal ansieht. Ist es auf der einen Seite die Unschuld des Kindes, die er bei Anna Katharina zu finden glaubt, so sieht er – etwas paradox – gleichzeitig in ihr das Mütterliche. Darauf deutet schon die Wendung: „Ich war gleich zu Haus.“ Er spricht es aber auch direkt aus: „Ich bin ihr Kind geworden.“[118]

All diese euphorischen Empfindungen Brentanos bei der Begegnung mit Anna Katharina sind natürlich auch die für Brentano typischen Idealisierungen, in die er sich bei eindrucksvollen Begegnungen so oft hineinsteigerte. Das ganze Land, in dem Anna Katharina lebte, ist in diese Idealisierung einbezogen. Schwärmerisch beschreibt er Luise Hensel das Münsterland: „In mancher Hinsicht ist dieses ganze Land noch ein Land der Unschuld zu nennen. Bedenke nur, dass Schlechtigkeit des Gesindes aus Lüderlichkeit und Verführung hier unbekannt ist, und fast gar kein Luxus unter diesem Stand. Überrascht war ich durch die Zucht und Demut der Dienstboten. Das Land hat etwas besonders Wohltätiges zur Erhaltung der Eigentümlichkeit und der Sittenreinheit der Bauern, da es sehr wenige Dörfer gibt, wo die Leute nebeneinander wohnend in Laster und Klatscherei durcheinander fallen.“[119] – „Wenn du die Reinheit und Unschuld und den frommen Glauben dieser Menschen siehst, so wirst du lebendig mit mir fühlen, dass der Herr bei seiner Kirche ist.“ [120] Und so wird für Brentano das Geburtshaus der Emmerick, die armselige Scheune mit dem Stall zur Krippe in Bethlehem: „Da ward dieses feine leichte geistvolle Wesen geboren, da und nirgend anders erhielt es seine Unschuld in Gedanken und Werken. Mir war es, wie in der Krippe zu Bethlehem zu Mut.“[121]

Da seine Freunde und Verwandten seine so schnell entflammte Begeisterung, aber auch die immer wieder folgende Enttäuschung kannten, glaubten sie, dass das Entzücken auch diesmal nicht lange anhalten werde. „Er hat alles kennen gelernt und alles weggeworfen, wo soll die Liebe für etwas noch Wurzel schlagen?" fragte Wilhelm Grimm. Und Brentanos Schwager Achim von Arnim bemerkte: „Als vorübergehende Beschäftigung ist es merkwürdig genug und es freut mich für ihn, dass er einer gewissen Richtungslosigkeit entrissen. Allzu lange wird er es wohl so wenig hiebei wie sonst aushalten."[122] Doch sie sollten sich täuschen, denn Brentano blieb bis zum Tod der Emmerick in Dülmen und danach bis zu seinem eigenen Tod an die Aufgabe gebunden, die er bei ihr in Dülmen gefunden hatte.

Denn die Begegnung Brentanos mit der Emmerick hebt sich von allen vorherigen Begegnungen ab: Hier findet er in „ihren wunden Händen" … „ein so heiliges, edles Zeichen". Es ist das Zeichen des Göttlichen auf dieser Erde. Wie alle Romantiker war auch er im Gegenzug zur Aufklärung schon immer berührt von der Ahnung des Göttlichen. In Mythen und Sagen z. B. in der Arbeit an der „Gründung Prags" hatte er es gesucht, in seinen Gedichten beschworen. Hier in den Wundmalen der Emmerick wird es ihm Wirklichkeit. Und es hat ihn offensichtlich tief bewegt, dass er trotz dieser sichtbaren Wunder an ihrem Körper schon im ersten Augenblick der Begegnung eine so überraschende Nähe bei ihr fand, eine große Vertrautheit, so dass er ihr auch seine innere Not, sein Verstricktsein in Schuld klagen konnte. Sie nahm sich seiner auch im wörtlichen Sinne an. Er berichtet Luise Hensel, dass sie ihm „die Hand drücke und dabei so unendlich menschlich, flüchtig, leicht, tief, einfältig, herzlich süß, gefühlich und verstehend mit ihm plaudere."[123] „Sie drückt meine Hände an ihr Herz und sagt mir, du bist mein Bruder, ja du bist noch mehr als mein Bruder, denn ich teile alles mit dir."[124]

So findet er hier bei dieser einfachen Frau, was er bei den vielen so gebildeten Menschen, so reizvollen Frauen nicht gefunden hat. Er kann ihr alles sagen: die durch die gescheiterte Liebe hervorgerufene Not, seine schweren Verfehlungen. Sie hört ihm zu, erteilt ihm keine Ratschläge, aber sie betet für ihn.

„Glaube, ich will immer für dich bitten. – Ich bin dein Bote zu Gott."[125] Sie versichert ihm, dass sie täglich für ihn betet und Brentano erfährt: „Sie war in der Nacht viel im Traum mit mir beschäftigt."[126] Er erlebt eine Frau, die ganz für ihn da ist, die Zeit für ihn hat, die nichts von ihm will, die ihn nicht in die ihn so leicht elektrisierenden, aber auch so verhängnisvollen erotischen, sinnlichen Spannungen versetzt. Dennoch fühlt er so tiefe Gemeinsamkeit mit ihr, dass er mit ihr gemeinsam zu beten beginnt. In dem Beten verweist sie ihn auf Christus: „Glaube, komm zu Jesus! …. – Ich helfe dir nicht, der dort hilft dir!"[127] Sie bindet ihn also nicht an sich. Und Brentano sieht sie auch als Mittlerin: „Sie führt mich zu Gott."[128] Und sie macht ihm diese große Zusage: „Wenn du erst von dieser Liebe essen wirst, wird dich nie mehr eine irdische Liebe quälen, du wirst satt werden. Die andere Liebe ist ganz elend gegen diese."[129]

Brentano hat das Erlebnis der Begegnung mit Anna Katharina in einem Gedicht beschrieben:

Ich bin aus fremdem Land gekommen
Ein fremder, armer, kranker Mann
Du hast mich liebvoll aufgenommen
Wie Jesus es und Jesu Freundin kann.

Was du gehabt, hast du geteilet,
Dein Brot, jed' Wort aus Gottes Mund,
Du hast geliebet und geheilet,
Und hast geschlossen mir den neuen Bund.

Ich durft' dir all mein Heimweh klagen,
Und was mich in der Fremde hält,
Du halfst die Last mir hinzutragen,
Zum Lamme, das da trägt die Schuld der Welt.[130]

Schon nach kurzem Aufenthalt in Dülmen standen für Brentano nicht mehr die Wunderzeichen an ihrem Körper, die ihn nach Dülmen geführt hatten, im Vordergrund seines Interesses. Denn aus der Wiedergabe ihrer Ekstasen erfuhr er, dass sie nicht nur mit den Wundmalen ein Zeichen des Göttlichen an ihrem Körper trug, sondern dass sie während der Entrückung in ihren Ekstasen die Nähe Gottes in Bildern erlebte, für ihn ein Zeichen prophetischer Gabe. So wurde sie ihm zum Medium, durch das er in ihrer Wiedergabe der Bilder an der Nähe Gottes teilhaben konnte.

Dieses persönliche Erlebnis wurde ihm zum Anstoß, seiner Zeit der Gottverlorenheit in der Darstellung der „Visionen" der Emmerick die Nähe Gottes zu vermitteln. Darin sah er eine persönliche „charismatische Berufung". Denn in einer ihrer Visionen sagte sie: „Dieser Mann schreibt dies nicht so aus sich, er hat die Gnade Gottes dazu, kein Mensch als er, es ist als sähe er es selbst."[131] Und so schreibt er Luise Hensel nach Berlin, wohin er ja nach einem kurzen Besuch in Dülmen zurückkehren wollte: „Sie will mir alles sagen, was ihr Gott erlaubt, ich werde einige Wochen hier bleiben."[132] Doch bald stellte er fest, für die Aufgabe reichen einige Wochen nicht aus. Inzwischen hatte er nämlich den Eindruck gewonnen, dass er es mit „der vielleicht größten historischen und allegorischen Seherin, die seit der Isis gelebt", zu tun hat. In der Berufung zum „Schreiber" dieser Seherin fand er seine Lebensaufgabe.

Sein lebenslanges sehnsuchtsvolles Suchen, sein irrendes Tasten nach Erfüllung, nach dem Sinn seines Lebens war nun in Dülmen in dreifacher Weise an ein Ziel gekommen:

1. *Der nach Liebe Hungernde fand die Zuwendung einer Frau, die ihn in selbstloser mütterlicher Liebe annahm.*

2. *Der bisher Heimatlose fühlte sich aufgenommen in eine ihn einbindende Gemeinschaft, in die katholische Kirche, in die er sich als „Pilger" einreihte, die sich in der täglichen Messfeier*

und dem Empfang der Eucharistie immer wieder neu als eine von Christus inspirierte Gemeinschaft, als Leib Christi konstituiert.

3. *Seine Sehnsucht nach einem ihn ausfüllenden Beruf fand er in der Rolle als „Schreiber“ der „Visionen“ der Anna Katharina Emmerick erfüllt.*

8. Jahre der Ernüchterung am Bett der Anna Katharina

„Ich sitze nachts bis 12 und lese noch im Bett, um zu flicken, zu fragen, zu zweifeln“

Er kehrte deshalb für kurze Zeit nach Berlin zurück, um seine Wohnung aufzulösen und sein Leben dort in der literarischen Welt, den Verkehr in den literarischen Salons endgültig abzubrechen. So verkaufte er seine kostbare, mit großer Umsicht und Liebe zusammengetragene Bibliothek, damals wohl eine der größten privaten Bibliotheken, und seine Gemäldesammlung. Damit vollzog er einen radikalen Bruch mit seinem bisherigen Leben.

„Wie ein Blitz aus heiterem Himmel“,[133] so beschreibt es Clemens Brentano selbst, traf ihn in Berlin ein Brief von Dr. Wesener, dem Arzt der Anna Katharina: „Zweck meines Schreibens ist kein anderer, als Ihr Vorhaben, wieder hierherzukommen, Ihnen auszureden … Alle hiesigen, alle Freunde *(der Emmerick)* in Münster sind einstimmig der Meinung, dass Ihr Wiederkommen, Ihr enger Umgang mit der Emmerick für letztere wenigstens die übelsten Folgen haben werde.“[134] Weseners Argumente schienen unwiderlegbar, denn er behauptete nicht nur, im Namen aller zu sprechen, sondern er inszenierte auch eine Briefoffensive gegen Clemens Brentano. Er drängte den Abbé Lambert, den Regens Overberg in Münster, Christian, den Bruder von Clemens, und sogar die Anna Katharina selbst, an Clemens in Berlin zu schreiben und diesen zu veranlassen, nicht mehr nach Dülmen zurückzukommen.

Dabei erhebt Wesener in seinem Brief an Brentano und in seinen Briefen, mit denen er die anderen mobilisiert, schwere Vorwürfe gegen Clemens: Brentanos Urteile über andere, „offen und hart geäußert“, zeigten „nicht Mitleid und Geduld mit den Kleinen und Schwachen"; Anna Katharina selbst sähe „mit Schrecken und hoher Betrübnis die Krankheit Ihres *(Brentanos)* Gemütes und fürchtet Ihren unbeugsamen Sinn."[135], von „Herrschsucht"[136] ist die Rede. „Den Weg der Sanftmut und Geduld kennt er nicht, er will alles mit Gewalt und Strenge durchsetzen."[137]Auch Lambert „der Greis hat viel um ihretwillen gelitten, weil Brentano sein „Hausregiment gestört"[138] hat. Brentano, der im gleichen Haus wohnte, hatte sich nämlich einen Schlüssel zu Lamberts Wohnung besorgt, in der auch Anna Katharina lebte, so dass er zu jeder Tages– und Nachtzeit Zugang zu der Wohnung hatte. Denn er wollte Zeuge der sich gerade nachts ereignenden Ekstasen der Emmerick sein. Der sonst so duldsame und stille Lambert war besonders empört darüber, dass Brentano – offensichtlich ohne Einwilligung Lamberts – die Wohnung verändert hatte. Um Anna Katharina einen ruhigen, von der Wohnung abgesonderten Raum zu schaffen, hatte Brentano die Vorratskammer geräumt und als Wohnraum für Anna Katharina eingerichtet und auf seine Kosten ausgestattet.

Wie so oft im Umgang mit anderen hatte Brentano auch in Dülmen mit seiner Unbedingtheit, mit seiner Besitz ergreifenden Art die Freunde der Emmerick verprellt. Dabei fühlte er sich diesmal zu seinen Eigenmächtigkeiten quasi religiös berechtigt, war er doch der Meinung, dass er den göttlichen Auftrag habe, die Gnadengabe der Emmerick, ihre „visionären" Fähigkeiten, voll auszuschöpfen und deshalb alle Störungen ihrer Umgebung, aber auch die Widerstände der Emmerick selbst auszuschalten. Da Brentano von seinen Idealen überzeugt war, war ihm nicht bewusst, wie er damit andere vor den Kopf stoßen musste. Deshalb war auch die Zurückweisung aus Dülmen für ihn eine Katastrophe, hatte er doch geglaubt, nach den vielen Brüchen in seinem Leben nun endlich den rechten Weg gefunden zu haben. In Briefen beklagte er sein Schicksal: „Ich war bereit mit festem Vertrauen, Gott und der Armut zu dienen mit allem, was ich hatte, mitten in den Trümmern meines reichen verflossenen Lebens trafen mich diese Blitze aus heiterem Himmel und ich liege in allen Gliedern zerschmettert und weiß nicht mehr, was ich tun und lassen soll, denn ich habe selbst keinen Willen, und was mir als Wille Gottes heilig verkündet war, steht zerbrochen, getrübt und befleckt vor mir. Meine Gesundheit ist dabei sehr erschüttert worden, ich bin ganz lebensmüde."[139]

Wesener sieht zwar auch die guten Seiten Brentanos: „Der Mann ist gut, sein Durchbruch ist ungeheuer, sein Glaube eisenfest, seine Werke christlich und groß, allein sein überspanntes Dichtergenie passt nicht für eine zarte Seele, in eine schlichte bürgerliche Wirtschaft."[140] Sicher hat es Brentano getröstet, dass Anna Katharina in ihrem Brief nicht so entschieden ablehnend war. Aber auch sie mahnt: „Mein lieber Freunt, hierin müssen sie ein wenig nachgiebiger sein und auf ihrer eigen Meynung nicht so fest stehn dann auch Geduld haben mit den Schwachheiten anderer Menschen den ein jeder hat seine Fehler."[141]

Diese Haltung von Anna Katharina und die Vermittlung Overbergs ermöglichten Brentano schließlich doch die Rückkehr nach Dülmen. Hier erfuhr er dann zu seiner Genugtuung, dass „die Kranke (Emmerick) selbst versicherte, dass sie unter den drängenden Zumutungen, den Clemens Brentano ganz abzuweisen, fast gestorben sei und dass sie zum Unterschreiben eines Briefes gezwungen worden gegen ihren Willen und ihre Überzeugung. Sie ließ auch später durch den Beichtvater an Cl. Br. schreiben und ihn versichern, dass er willkommen sein werde und da er zurückkehrte, war sie in großer Freude."[142] Auch Dr. Wesener und Pater Limberg, ihr Beichtvater, „schreiben ihm versöhnliche Brief und laden ihn zur Rückkehr ein."[143] Bedingung aber war, dass er nicht mehr in den Haushalt eingreift, dass er im Abstand davon wohnt. Deshalb bezog er nun bei armen Leuten einen Raum, aß ganz bewusst zusammen mit den einfachen Leuten, betete auch mit ihnen den Rosenkranz. Jeden Morgen nahm er an der Feier der Messe in der Viktorkirche teil und „allwöchentlich sah man ihn, wie es in jener Gegend üblich war, mit ausgespannten Armen die Stationen des Kreuzweges besuchen."[144] Er trug sogar einen westfälischen Kittel, wollte sich also völlig in die Stadt eingliedern. „Brentano wird nie aus Dülmen gehn; er lebt dort seinen Büchern und den Armen", schreibt Luise Hensel an ihren Bruder.[145]

Dennoch muss Brentano damals in der Stadt Dülmen eine ungewöhnliche Erscheinung gewesen sein. Am ehesten war er vertraut mit den Kindern. „Durch mancherlei Geschenke und tausend Erzählungen wusste er ihr Herz zu erobern. Sobald er sich auf der Straße zeigte, umringten ihn die Kleinen von allen Seiten und begleiteten ihn oft scharenweise zu seiner Wohnung."[146] Doch auch diese Vertrautheit mit den Kindern zeigt, auch sie sahen in ihm einen nicht zum normalen Stadtbild gehörenden Mann. Der Besuch von Fremden in Dülmen, von vornehmen Leuten, Adligen oder Studierten war seit dem Bekanntwerden der Stigmatisation der Emmerick in dem bis dahin weitgehend unbekannten Landstädtchen zwar nicht mehr ungewöhnlich. Doch die Besucher verschwanden zumeist wieder am gleichen Tag mit ihren Kutschen aus dem Stadtbild. Aber dieser im Stadtbild so ungewöhnliche südländische, temperamentvolle, auffällig schöne Mann, mit vollem, lockigem schwarzen Haar und dunklen Augen, dem braunen Teint, von zierlicher Statur, mit raschen behenden Bewegungen, der also blieb hier. Er lebte zwar wie die Einheimischen, aber er hatte auch eine eigene Kutsche, mit der er immer wieder mal unterwegs war. Sonst aber saß er in seinem Zimmer über seinen theologischen Büchern, beschrieb ganze Berge von Papier, große Folioseiten, die sich nicht nur auf seinem Tisch stapelten, sondern auch auf dem Fußboden herumlagen. Das wird den Dülmenern sicher zum Gespräch gedient haben, denn wer verbrachte hier schon seine Zeit mit Lesen und Schreiben?

Brentano fand sich nach seiner Rückkehr aus Berlin mit den erheblichen Einschränkungen seiner Besuche bei Anna Katharina ab. Denn nun standen ihm nur ein zeitlich begrenzter Besuch am Morgen und einer am Nachmittag zu. Morgens notierte er ihre „Visionen" z. T. nur in Überschriften, dann kehrte er in sein Zimmer zurück und versuchte, das Gehörte auszuformulieren. Das gelang in der kurzen Zeit meist nicht, so blieb in den Notizen vieles nur in Überschriften oder Stichworten stehen.[147] Nachmittags las er Anna Katharina das Geschriebene vor, damit sie es bestätigen konnte. Doch oft war Anna Katharina so leidend oder erschöpft, dass sie das Vorgelesene gar nicht mehr richtig aufnehmen konnte. Brentano beschreibt selbst den Arbeitsprozess: „Ich sitze nachts bis 12 und lese noch im Bett um zu flicken, zu fragen, zu zweifeln,… und bin mit einer Reihe der wichtigsten Mitteilungen zurück, die in meinem Gedächtnis verschwinden, während das Gegenwärtige schwindet."[148]

Hatte Brentano zunächst beabsichtigt, eine Biographie der Anna Katharina zu schreiben, so änderte er seinen Plan, als er in den Mitteilungen ihrer Ekstasen sah: „Was Gott hier an Bildern seines Lebens auf Erden gibt."[149] Denn er erfuhr darin Details aus dem Leben Jesu, die in den Evangelien nicht beschrieben sind. So sollten ihm die „Visionen" der Emmerick zur Quelle für eine Darstellung des Lebens Jesu werden. Das veränderte – zunächst wohl unmerklich, mehr und mehr aber auch offensichtlich – die Beziehung zwischen Anna Katharina und Brentano.

Anfangs hatte sie ihn mit ihren Mitteilungen der Gesichte beschenkt, ließ sie ihn doch in den Bildern teilhaben an der Nähe Gottes, die sie im intensiven Beten, in Betrachtungen und Ekstasen erlebte. Dann aber wurde sie mehr und mehr gleichsam zu einem „Instrument" seiner literarischen Pläne. Bisher waren die Bilder ihrer Ekstasen subjektiv bestimmt, aus Begegnungen des Tages, zumeist aber aus ihrem Beten im Ablauf des

Kirchenjahres, dem Kalender der Heiligen erwachsen. Nun aber wollte Brentano Details aus der Lebensgeschichte Jesu erfahren. So begann er, die „Visionen“ immer wieder einmal zu lenken, indem er ihr aus seiner umfangreichen Bibliothek mystischer Literatur Texte von Visionären vorlas, die auf ihm fehlende Details im Leben Jesu hinwiesen.

Zu großen Unstimmigkeiten am Bett der Kranken führte vor allem sein Drang zur Objektivierung des von Anna Katharina Dargestellten. Sah sie in ihren Bildern die Zuwendung Gottes zu den Menschen, so wollte er größte Genauigkeit des gesamten historischen Umfeldes. Denn die Beschreibung der „Häuser, Wege, Steine, Orte“[150] waren für ihn ein historischer Beweis für die Wahrheit des Mitgeteilten. Zur Überprüfung – vielleicht unbewusst auch zur Vorgabe der historischen Details – hatte Brentano sich Karten, Atlanten und Kostümbücher von dem Raum Palästinas zur Zeit Christi beschafft. Aus den unterschiedlichen Auffassungen über die Visionen entwickelten sich immer wieder bedrückende Auseinandersetzungen. Er sieht sie bei den behutsamsten Fragen „ungeduldig, missverstehend und übelnehmend“, sie ihrerseits fühlt sich „gequält, wenn sie nichts wisse“, und findet seinen Besuch „oft drückend“.[151]

Anna Katharina blieb auch nach der Auflösung des Klosters eine einfache Nonne, hielt sich weiter an die Gebetszeiten, wollte in den Betrachtungen des Lebens Jesu Gott nahe sein. Die ihr offenbarte Liebe Gottes wollte sie an ihre Mitmenschen weitergeben. Brentano aber sah in ihr die große Prophetin, die ganz ihrer prophetischen Aufgabe verpflichtet war, deren Bilder ihm zur Quelle einer lückenlosen Darstellung des Lebens Jesu werden sollten. Die enorme Kluft zwischen der realen Person der Emmerick und dem Bild, das Brentano sich von ihr machte, bestimmte mehr und mehr das gegenseitige Verhältnis. So ärgerte er sich am Bett der Kranken, wenn sie es vorzog, arme Leute zu trösten und für diese aus Flicken etwas zu schneidern, statt ihre hehre Aufgabe als „Visionärin“ zu erfüllen. Er wurde deshalb von einer unendlichen Schwermut erfasst, dass er bei der Lückenhaftigkeit der ihm mitgeteilten Gesichte seine Aufgabe nicht erfüllen konnte. „Der Pilger ward …so in seinem Herzen betrübt, dass er die folgende Nacht unter lautem Weinen und Hilfsgeschrei zu Gott zubrachte. Er fühlte das ganze Gewirr und Elend, das dort herrschte ohne Not, er fühlte was zu Grunde geht ohne Not… und wusste keinen Ausweg mehr“,[152] schreibt er in sein Tagebuch. Anna Katharina hat ihm das verwiesen, sie hielt die Werke der Barmherzigkeit für wichtiger, denn ihr Bräutigam habe ihr gesagt: „Die Gesichte machen niemanden selig. Ich müsse Liebe und Geduld und alle Tugenden üben.“[153]

War es schon unendlich schwer, jahrelang einer so oft mit dem Tode ringenden und vor Schmerzen wimmernden Kranken Informationen abzuverlangen, so wurde die Situation noch verschärft durch den beengten und beschränkten Haushalt, in dem Anna Katharina lebte. So musste gerade das Ofenrohr gereinigt werden, wenn er ihre Visionen aufschreiben wollte. Ruß verbreitete sich im Zimmer; die Schweine im Stall unter der Wohnung quiekten, Drüke, die zänkische Schwester der Anna Katharina, zeterte, einfache Leute kamen mit ihrem Geschwätz. Das anfangs von ihm mit so großer Begeisterung als Land der Unschuld beschriebene, ihn an das Paradies erinnernde Münsterland, hatte inzwischen in seinen Darstellungen ganz andere Konturen bekommen: „Man kann sich in diesem Land wirklich nicht genug in acht nehmen, wo Glauben, Aberglauben, Halbwissen, Aufklärung, Unwissenheit, Einfalt *(hier in seiner negativen Bedeutung gebraucht)* und Langeweile unendliche Klatschsuppen kochen.“[154] All diese Erfahrungen lagen völlig außerhalb seiner Lebenserfahrungen in der intellektuellen und hochbürgerlichen Welt. Wie sollte in dieser so elend prosaischen Welt die Begegnung mit der göttlichen Welt in den „Visionen“ aufgenommen werden? Auch fand der so enorm belesene Mann kaum adäquate Gesprächspartner. Und so überkam ihn erneut das Gefühl der Vereinsamung. „Ich bin jetzt vier Jahre hier und habe keinen Freund als den ehrlichen Niesing *(ein Vikar in Dülmen)* und niemand, auf den ich mich verlassen könnte, kein Gefühl der Heimat nirgends, und das macht mich sehr betrübt", schreibt Brentano 1822 an seinen Bruder Christian.[155]

Briefe aus der Dülmener Zeit, vor allem aber auch das Dülmener Tagebuch sind durchzogen von Klagen: „Große Betrübnis des Pilgers", „Kummer des Pilgers", „großer Ärger des Pilgers", „fortwährende Verwirrung"[156] das sind Überschriften über Kapitel, in denen er seinem Kummer Ausdruck gibt. Viele Interpreten haben aus den „mit einer unheimlichen Vehemenz vorgetragenen und jahrelang durchgehaltenen Kummertiraden"[157] den Schluss gezogen, dass Brentano auch in Dülmen mit seiner Suche nach einem festen Halt endgültig gescheitert ist.

Wer in der so umfangreichen Korrespondenz Brentanos gelesen hat, der kennt aber seine oft so grell kontrastierenden Darstellungen. Immer schon hat er in seinen Gedichten, seinen Werken, vor allem aber in seinen Briefen nicht nur in Zauberworten die Liebe beschworen, sondern hat auch in phantasievollen, wortreichen, oft sehr derben und aggressiven Wortkaskaden seinen Verdruss, seine Abneigung, seine Schwermut ausgedrückt. Auch lässt er sich immer wieder spontan zu negativen, abwertenden Äußerungen über Freunde und sogar direkt gegenüber Freunden hinreißen. In einem Brief an Luise Hensel aus dieser Zeit erkennt Brentano selbst die Zwiespältigkeit seines Wesens: „Wenn ich gleich ein heftiger, oft böser Mensch bin, so hab ich doch einen steten Strom der Liebe und Treue in meinem Herzen."[158] So bittet er Luise auch um ein Gebet „für meinen nachlässigen Mund, der oft so rasch ist ...Du glaubst nicht, wie mich das Gefühl meiner Verderbtheit oft niederschlägt."[159]

Eine gute Bekannte Brentanos beschreibt ihn als einen „beständig gegen seine vulkanischen Naturanlagen kämpfenden Menschen. Eine Kleinigkeit, die seiner Ansicht nicht entsprach, konnte ihn heftig aufreizen, und er ergoss sich dann oft in Übertreibungen; nachdem er aber kalt geworden, verlangte sein Gewissen, das wieder gut zu machen. Hatte er Personen gekränkt, so war es rührend zu sehen, wie demütig, gutmütig, erfinderisch er zu versöhnen versuchte.“[160]

Adam, der Biograph der Begegnung Brentanos mit Emmerick, sieht in dieser für Brentano selbst so zwiespältigen Situation „die typische romantische Problematik, dass der steil zur Idealität hinaufdringende Flug am Widerstand der prosaischen Realität erlahmt.“ Bei Brentano wiederholt sich – so Adam – hier auf einer anderen Ebene der zwanzig Jahre früher unternommene und am Ende gescheiterte Versuch, „gemeinsam mit Sophie Mereau eine poetische Existenz“ [161] zu gestalten. Der Konflikt zwischen Ideal und Wirklichkeit war bei Brentano ins Krankhafte gesteigert. In seiner schrankenlosen Phantasie verklärte er die Idealbilder zu himmlischen Visionen und verzerrte andererseits die Realität oft ins Ekelhafte. Zu einer ganz besonderen Schärfe ist dieser Konflikt bei Brentano gesteigert durch seine Depression, die sein ganzes Leben bestimmte und die in Konfliktsituationen vehement durchbrach. Für die Leser seiner Briefe, seines Tagebuches wird dieser Konflikt zusätzlich verschärft durch die Ausdruckskraft seiner Sprache.

Angesichts all dieser Tatsachen verlieren die so negativen Aussagen Brentanos über seine Situation in Dülmen ihre Eindeutigkeit. Die hier und da in Briefen eingestreuten gegenteiligen Äußerungen zeigen: Die Realität in Dülmen war durchaus nicht so schwarz und er nicht so einsam, wie manche so dramatische Formulierung glauben macht. Nicht nur bei den Kindern fand er Interesse und Anerkennung, wie schon beschrieben. Er hat auch unter den Erwachsenen in Dülmen viele Freunde, nicht nur den Vikar Niesing, den er in einem verzweifelten Brief verbittert als den „einzigen“ nennt. In einem Brief an seinen Bruder Christian schreibt Brentano: „Niesing ist der unwandelbare offene, redliche Freund geblieben." Über Hilgenberg, einen anderen Dülmener Geistlichen, den auch Christian kennt, berichtet Clemens: „Der alte fromme Hilgenberg ist immer derselbe, der fromme, flinke, demütige hat uns lieb, gedenkt unser täglich in der Messe." [162] Auch gehörte Dr. Wesener zu den Freunden, wenn es auch vorübergehend die Unstimmigkeit mit ihm gab. Dr. Wesener spricht mit Hochachtung von Brentano, wenn er die Leser seiner „Kurzgedrängten Geschichte der stigmatisierten Augustinernonne Anna Catharina Emmerick in Dülmen" darauf verweist, dass sie mehr über sie erfahren können „aus den Händen eines Mannes, der an Geist, an Geschichtskunde und Kombinationsgabe in dem Felde des psychischen Lebens mir weit überlegen ist."[163] Gemeint ist Brentano. Und dieser seinerseits sagt über Dr. Wesener, als er von dessen Tod erfährt: „Er war ein vortrefflicher Mensch."[164] Im gleichem Brief erinnert er sich an weitere Freunde aus der Dülmener Zeit: „Die guten Leute, besonders Limberg *(Anna Katharinas Beichtvater)*, Niesing und den Pfarrer von Haltern." Gerade zu dem Pfarrer von Haltern, F. C. Büttner, hatte er ein besonders enges Verhältnis. Dieser bot ihm Zuflucht und Trost in ausweglosen Situationen. So bricht Brentano sofort nach dem Tod der Emmerick nach Haltern auf, fährt dann mit Büttner weiter nach Bocholt zur Familie Diepenbrock, mit der ihn ebenfalls eine tiefe Freundschaft verbindet. „Die Familie ist so Freund mit mir, wie ich noch keine Familie in meinem Leben gefunden", so charakterisiert Brentano sein Verhältnis zu den Diepenbrocks in einem Brief an Achim von Arnim.[165] Haltern und Bocholt konnte Brentano mit seiner eigenen Kalesche auch leicht erreichen. Wie dankbar er dem Halterner Pfarrer für die erfahrene Freundschaft war, zeigt sich darin, dass er diesem seine Kutsche schenkt, als er nach dem Tod der Emmerick das Münsterland verlässt. Unter den Dülmener Geistlichen zählt auch der Vikar Hilgenberg zu Brentanos Freunden. Brentano erwähnt (nicht nur in einem Brief), dass dieser ihn „mit solcher Freundschaft und Liebe grüßt."[166] Er wendet sich auch an Hilgenberg, als er den Grabstein für Anna Katharina anfertigen lässt. In dem Brief, in dem er den Vikar um die Gestaltung des Grabsteins bittet, nennt er auch den Kupferschmied Meiners als Freund. Diesen Meiners konnte er auch für die von ihm und Luise Hensel veranlasste heimliche Ausgrabung der Emmerick sechs Wochen nach ihrem Tod gewinnen. Im Haus Meiners hat Brentano auch während seines Dülmener Aufenthaltes verkehrt. Der spätere Domdechant Krabbe – ein Dülmener Kind – hat als Heranwachsender an solchen Treffen im Familienkreis der Meiners teilgenommen und dabei auch erlebt, dass Brentano seine Lust an derben Späßen in Dülmen nicht verloren hatte. Es sei „mitunter lustig gewesen; es hat ihm nicht an Anlässen gefehlt, mir gern persönlich einige Derbheiten zu sagen."[167]

Besonders die Diepenbrocks in Bocholt haben sich auch an diese Seite Brentanos erinnert. Seine Briefe an die Bocholter waren zwar sehr ernst, sie wirken oft, im Ton und in der Ausführlichkeit, wie überzogene moralisierende Predigten. Aber „im Leben war Brentano der lustige und gesellige Herr Clemens. Man freute sich jedesmal wenn er zu einem kurzen Besuch von Dülmen herüberkam, und ohne einen recht tollen Streich ging es wohl selten ab." Die Kinder berichten: „Wir wussten uns wegen seiner wunderkomischen Einfälle manchmal vor Lachen nicht zu halten. Ich habe nie jemand so schön vorlesen hören, wie er es konnte, aber seine originellen Manieren dabei machten uns Kindern oft tausend Spaß."[168]

Seine immer noch währende Freude am phantasievollen Spiel auch in diesen Lebensjahren hat Brentano bei der Silberhochzeit seines Bruders Franz in Frankfurt gezeigt. Da Anna Katharina in den Sommermonaten des Jahres 1823 so schwer erkrankt war, dass sie ihm keine Mitteilungen machen konnte, verbrachte er nach 17–jähriger Abwesenheit einige Monate bei seiner Familie in Frankfurt. Dort kam er gerade recht zur Gestaltung der Silberhochzeit. „Mit vielen Gesängen, Illuminationen, Feuerwerken“ übernahm er die Ausrichtung des Festes. Natürlich waren das alles seine Erfindungen. Schreiner, Maler Gärtner und 50 Kranz- und Blumenbinderinnen gestalteten nach seiner Regie die Szene. „Am Ende führte man mich zur Belohnung in eine versteckte Nische, worin Kinder meine Büste mit Rosen kränzten, und man rief: „Vivat, Torquatus Tasso!“ *(ein berühmter, mit Lorbeer gekrönter italienischer Dichter)*[169] In einer Gesellschaft bei dem Bürgermeister der Stadt Frankfurt wurde er in diesen Wochen vorgestellt: Es „wird ein ganz neues Leben in unserem Kreis beginnen, es werden geistige Funken sprühen und Witze regnen, und Sie werden einen Mann kennen lernen, der nicht von sich sagen kann: ‚Ich besitze die Phantasie‘, sondern: ‚Die Phantasie besitzt mich.‘“[170]

So sehr Brentano diesen Ausflug in eine andere Welt genoss, so hart er die Dülmener Verhältnisse immer wieder kritisiert hatte, so erkannte er dennoch, dass er in der Handelsstadt Frankfurt am Ende doch fremd blieb. „Ich war dort, wie in die Welt hinausgestoßen.“ – „Was soll so ein abgeschlossener katholischer Mensch ... in einer sehr lauen, lutherisch-katholischen Handelsstadt. Etwa Spaß machen und Witze auf den Kurszetteln einführen? ... Lieber Freund, ich bin mit Jesu Blut zu teuer erkauft, um das zu dürfen, und mein Herz, das immer überwallen möchte, ist zugeschnürt in dieser Weltlust.“[171] So war er schließlich froh, wieder am Bett der kranken Emmerick zu sitzen, deren Zustand sich so verbessert hatte, dass sie ihm ihre „Visionen“ mitteilen konnte.

9. Stilisierung der Anna Katharina

„Wie kann man verleugnen, dass man sie schone,
da sie die wunderbaren Gaben Gottes
nicht zu schonen vermag"

Brentanos Klagen über die Zustände in Dülmen enthalten auch zahlreiche kritische, oft sogar sehr negative Bemerkungen über Anna Katharina Emmerick. Sicher wird man unter den beschriebenen Lebensbedingungen der Emmerick eine große Ernüchterung Brentanos feststellen und auch verstehen können.

Viele Autoren sehen in Brentanos Äußerungen über Anna Katharina eine totale Entfremdung zwischen den beiden. Adam schließt sogar daraus, dass sie ihm als Person unwichtig geworden und schließlich nur noch ein Instrument der ihm wichtigen Visionen war. „Sie wird immer mehr zum persönlich gleichgültigen Mittel, zum bloßen Instrument, das seinen Wert nur von seiner wunderbaren Bestimmung empfängt."[172] Viele, auch Frühwald haben sich diesem harten Urteil über Brentano angeschlossen. Sie beziehen dabei die Äußerung von Achim von Arnim über Anna Katharinas Zustand auf Clemens Brentano. „Es gibt vielleicht ein neues Märtyrertum, in welchem die Leute nicht aus Hass, sondern bloß aus Wissbegierde, um zu sehen, was eine fromme Seele eigentlich sei, in Scheidewasser und Feuer gesteckt, lebendig anatomiert werde", so von Arnim in einem Brief aus Dülmen.[173]

In seinen Begegnungen mit Frauen, die ihn beeindruckten, hatte Brentano diese immer am Anfang als quasi überirdische Erscheinungen, als Engel der Liebe stilisiert. In einem Brief bekennt er selbst: „Alle Frauenzimmer, welche ihm wohlgefielen, glichen seiner verlorenen Mutter."[174] Seine Mutter aber war ihm in der Erinnerung in die Nähe, ja fast an die Stelle der Mutter

Gottes gerückt. In der gleichen Weise sieht er am Anfang ihrer Begegnung in der Emmerick eine Heilige, und diesmal glaubt er keiner Selbsttäuschung zu erliegen, denn ihre Stigmata weisen sie ja als solche aus und in ihren Ekstasen ist ihr, wie ihm scheint, nicht nur der Blick in den Himmel offen, sondern auch Einsicht gewährt in die Geschicke der Welt, die Entwicklung der Schöpfung, des Christentums, der Kirche. Mehr und mehr muss er aber feststellen, dass er es mit einer einfachen Frau zu tun hat, die ihm in den Gesprächen an Bildung nicht gewachsen ist. „Sie ist noch kein Engel, wenn auch Ihre heiße Phantasie sie für einen solchen hält",[175] so hatte ihn Wesener ermahnt. Selbst sein Bruder Christian, der ihn ja zur Emmerick geführt hatte, mahnte ihn, „dass er Gott treu bleibe, den er im Himmel und nicht in Dülmen zu suchen habe."[176]

Damit Brentano aber an seinem Bild von der „Heiligen" festhalten konnte, tat er alles, um sie als solche zu stilisieren. Diese Stilisierungen waren offensichtlich keine von Brentano bewusst vorgenommenen Täuschungen, sondern waren Folge seiner Idealisierung der Wirklichkeit. In unserer Zeit erscheint ein solches Vorgehen als ein intellektuelles Defizit, was leicht dazu führen kann, den so genialen Brentano falsch zu bewerten. Ähnliche Stilisierungen sind Teil der romantischen Kultur, damals bei vielen Künstlern und Denkern zu finden. Für Brentano, der so verwoben war in die Welt der Phantasie und des geistigen Abenteuers,[177] tat sich in dem Reich der Wunder das Abenteuer der Entdeckung einer anderen Wirklichkeit auf. In diese Welt der Wunder fühlte er sich auch hineingezogen in seiner Lektüre von christlichen Legenden, mystischen und theologischen Schriften vergangener Zeiten. Nach seiner Rückkehr in die Kirche hatte er solche Schriften nicht nur systematisch gesammelt, sondern in einem uns heute unvorstellbaren Lesehunger auch verschlungen.[178] Gleichzeitig hatten damals extrem antikatholische Kräfte der Aufklärung in der katholischen Kirche starke restaurative Tendenzen als Gegenwehr wachgerufen. In seinen theologischen Auffassungen (nicht in den pastoralen Vorstellungen) wurde Brentano Teil dieser Restauration in der Kirche.[179]

Die „Stilisierungen der Emmerick" durchziehen das ganze umfangreiche Werk Brentanos zu Emmerick. Am deutlichsten zeigen sie sich in zwei Bereichen:

1. In Brentanos hierognotischen Experimenten mit der Emmerick.
2. In Brentanos Deutung von Krankheiten der Emmerick als Krankheitsübernahmen.

Der Glaube an Hierognosie, natürlich ein Teil überlieferter Wundergeschichten, war zur Zeit Brentanos noch verbreitet, deshalb keine Erfindung Brentanos. Aber er war voll überzeugt davon, dass Anna Katharina hierognotische Fähigkeiten besitzt, die Fähigkeit durch Berührung oder optische Wahrnehmung Heiliges von Unheiligem, z. B. eine Reliquie von einem einfachen Knochen oder die geweihte Hand eines Priesters von einer normalen Hand zu unterscheiden. Von vielen, die Emmerick gekannt haben, ist zwar ihre über alles normale Maß hinausgehende sensorische Sensibilität bezeugt, d. h. die ausgeprägte Wahrnehmung durch Auge, Ohr, Tastsinn und Geruchssinn und auch die Wahrnehmung von seelischen Zuständen eines Besuchers. Kranke, Behinderte, aber auch besonders sensible Menschen verfügen heute noch über ähnliche Fähigkeiten. Für Brentano war die hierognotische Fähigkeit der Emmerick quasi ein „gesetzmäßiges" Merkmal der Heiligkeit. Wie ein Physiker durch Experimente die Gültigkeit der naturwissenschaftlichen Gesetze nachweist, so experimentierte Brentano mit der hierognotischen Fähigkeit der Emmerick. In hundertfach wiederholten Experimenten gab er ihr die unterschiedlichsten Knochen und Reliquien zur Berührung. Sie sollte nicht nur die Echtheit der Reliquien prüfen, sondern die jeweilige Reliquie auch dem richtigen Heiligen zuordnen. Er hat die für die Emmerick so quälenden Experimente ohne eine Begründung abgebrochen. Doch hat er bedauert, dass man ihr nach ihrem Tod nicht die Hand abgeschnitten habe. Denn „ein Zeugnis dieser Hand hätte alles bestätigt, alles schweigen gemacht.“[180] Eine solche „Wunderhand“ hätte nach Brentanos Meinung wie ein naturwissenschaftlicher Nachweis alle Kritik, alle Widerstände am Glauben zum Schweigen gebracht. In dieser Auffassung Brentanos liegt auch ein Eingeständnis seiner eigenen Glaubensnot. Seine Sehnsucht, so glauben und so lieben zu können wie Anna Katharina, hatte sich trotz der unmittelbaren Nähe zu ihr nicht erfüllt. Er konnte die tiefen Glaubenszweifel des modernen Menschen nicht loswerden, suchte deshalb nach vielfältigen Bestätigungen des Glaubens.

Die gleiche doppelte Bedeutung haben die von Brentano als „wundersame“ Krankheitsübernahmen gedeuteten Krankheiten der Anna Katharina Emmerick. Diese Übernahmen der unterschiedlichsten Krankheiten anderer ist ihm einmal ein Indiz für die Heiligkeit der Emmerick, gleichzeitig findet er in solchen Wunderzeichen eine Vergewisserung seines Glaubens. Zwar hatte schon Anna Katharinas Mutter bei dem Kind eine ganz ungewöhnliche Form des Mitleidens mit den Leiden anderer festgestellt und dieses Mit–Leiden, diese „Compassio“, fand ihren tiefsten Ausdruck in ihren Stigmata. Nach damals verbreiteten theologischen Vorstellungen, die Brentano durchaus teilte, waren Krankheiten Strafen für Sünden. In der Übernahme dieser Krankheiten büßte nach seinen Vorstellungen Anna Katharina die Sündenstrafen für andere ab. „Im Bereich des Leidens gesteht er ihr nur zögernd und in den wenigsten Fällen eigene Krankheiten zu. Ihre Krankheiten sind vielmehr schier magischer Natur für Andere.“ – „Diese Krankheiten als natürlich anzusehen, wie es der Arzt und der Beichtvater meistens tun, oder sie mit natürlichen Mitteln heilen zu wollen, hält der Pilger für Manier und Unglauben, für Blindheit und

Inkonsequenz."[181] So war er auch gegen alle Versuche des Arztes Wesener, Emmericks Schmerzen zu lindern. Für ihn waren das Eingriffe in die der Emmerick zugewiesenen Gnadengaben. „Wie kann man verlangen, dass man sie schone, da sie die wunderbaren Gaben Gottes nicht zu schonen vermag."[182]

Diese Stilisierungen der „Visionärin" führten dazu, dass in Brentanos Tagebüchern, in denen neben den Visionen auch die – ihn so störenden – banalen alltäglichen Begebenheiten aufgezeichnet sind, die Emmerick in zwei Personen zu zerfallen scheint: in die heilige, von Gott auserwählte und in die in dem so beengten Milieu lebende, ihrem quälenden Leid ausgelieferte, in die einfache Gesellschaft eingebundene, auf die praktische Hilfe der einfachen Menschen ihrer Umgebung angewiesene. Die beiden in seiner Anschauung auseinander fallenden Bilder der Emmerick aber gehören zusammen, er konnte die eine nicht ohne die andere erleben.

Zu Anfang der Begegnung hatte es noch Momente des Scherzens und des Glücks im Verkehr mit Anna Katharina gegeben: „Wir scherzen sehr viel, sie neckt mich anmutig", berichtet Brentano. „Sie wiederholt ihm, dass er sie so gut verstehe, dass er ihr lieb sei und sie ihm vertraue, und er wiederum findet sie voll Güte und Anmut." [183] Brentano beschreibt z. B., wie er ihr aus dem Tauler vorliest: „Sie war ganz voll von jener lebendigen Heiterkeit, die sich ihrer Unschuld und Anmut wegen über alle Gemüter um sie her verbreitet. Unsere Lektüre war einigemal durch heitere Betrachtung und durch kindlichen Scherz unterbrochen."[184] Allerdings werden solche Momente seltener, als ihre Krankheiten immer quälender werden, sie immer wieder dem Tode nahe ist und er selbst immer stärker von der Angst getrieben wird, mit ihrem Tod auch die Quelle für seine Lebensarbeit zu verlieren. Dennoch bleibt Brentano auch der ihrer Umgebung so ausgelieferten, der armseligen Anna Katharina verbunden. Trotz all der quälenden Situationen, trotz der Konflikte, die die beiden ungleichen Partner haben, bleibt eine bis in den Tod reichende gegenseitige Freundschaft. Getragen wird diese Freundschaft vor allem von Anna Katharinas unbeschränktem Vertrauen, das sie ihm am Anfang der Begegnung ausgesprochen hat: „Wenn ich dein Herz nicht erkannt hätte, und die Liebe Jesus zu dir nicht kennte, wie würde ich dir so vertrauen."[185] Und dieses Vertrauen reicht bis an den Tod. Bis kurz vor ihrem Tod ertrug sie trotz quälender Schmerzen Brentanos oft forschendes Fragen.

Trotz seiner wiederholten Klagen, dass Anna Katharina mit ihren Schneiderarbeiten für arme Kinder für die Darstellung der Visionen so wichtige Zeit verschwende, hat er immer wieder seine wohlhabenden Verwandten und Bekannten in Briefen um Reste aus ihren Stoffkisten gebeten. Er sorgte also dafür, dass Anna Katharina Material für ihre Werke der Nächstenliebe hatte. Die Krankheiten Anna Katharinas registrierte Brentano nicht nur als Hindernisse für die Mitteilung ihrer Visionen, sondern aus der Beschreibung der Krankheiten spricht tiefes Mitleid: „Es ist wahr, sie leidet schrecklich!"[186] – „Es ist unbegreiflich, welche Maße von Schleim und Schaum sie ausbricht!"[187] Auch versucht er, ihre Schmerzen zu lindern. „Als die Augenschmerzen abends wüteten, legte der Pilger ihr die Hand darauf und betete mit ihr und sprach ganz vertraulich zu ihr über allerlei Ereignisse ihres Lebens."[188] Monate später wiederholt sich diese Szene: „Der Pilger war übrigens alle die vorletzten Tage bei ihr, um ihr die Hand auf das kranke Auge zu legen und sonst zu helfen. Sie sagte zu ihm: ‚Er sei nun ihr Lambert *(der sie nach dem Verlassen des Klosters in seine Wohnung aufgenommen hatte, den sie immer als ihren großen Wohltäter betrachtete, er war 1821 gestorben)*, seine Hand helfe ihm auch mehr als der Pater *(gemeint ist Pater Limberg, der Beichtvater)*… sie wünsche sehr, dass er abends da sei."[189] Seinen Bruder Christian und Luise Hensel bittet er um ein Gebet für Anna Katharina: „Und lasse fromme Leute für mich und auch für die arme Emmerich beten."[190] Noch Wochen vor ihrem Tod möchte er sich versichern, dass sie ihn noch liebt: „Der Pilger, als er sie fragt, ob sie ihm gut sei, sagt sie ja, aber er müsse frommer sein. Da hat sie recht."[191]

Wie tief Brentano bis zuletzt von Anna Katharina persönlich berührt ist, zeigen seine Briefe und Berichte über ihre letzten Tage und das Sterben. Er sitzt Tage vor ihrem Tod an ihrem Bett, notiert nachher: „An dem Tag selbst leidet sie unaussprechlich, ihr Röcheln, Dursten, Ersticken, ihr schrecklich ernster veränderter Anblick sind schauderhaft. Sie ruft beständig Gott um Hilfe an, und ihr Leiden ist lauter als bisher." Es endet mit der rührenden Szene: „Mühsam zieht sie in allen Bewegungen unbestimmt des Pilgers Kopf an ihr Ohr: ‚Ach hast du noch ein weiches Hemd, ach, mein Rücken ist so kaputt, ach mein Rücken ist so kaputt. Ich kann nicht liegen, sag es niemand, bring es selbst, ich habe ja keinen anderen Vater!"[192]

Zur Sterbestunde selbst hatte man ihn nicht gerufen, da man fürchtete, dass er zu sehr weinen würde. Man weiß also in Dülmen, wie stark er sich emotional an Emmerick gebunden fühlt. Als er dann doch von selbst dazu kommt, gelangt er für kurze Zeit an ihr Bett. „Nach einer Weile zog sie die rechte Hand unter der Bettdecke hervor und legte sie auf dieselbe, der Pilger weinte und nahm sie in die seinige und dachte betrübt, da er die Hand schon kalt fühlte: ach, so ist denn gar kein Schluss, kein Abschied, und sie drückte mit dem Daumen und den zwei Zeigefingern seine Hand, da war er ruhiger."[193]

10. Was bleibt nach Anna Katharina Emmericks Tod von der Begegnung mit ihr?

Die Suche, den wiedergefundenen Glauben durch Wunder zu bestätigen

Ihr Tod stürzt ihn wiederum in eine tiefe Krise, ein Gefühl der Verlorenheit überfällt ihn: „Der Pilger fühlte sich plötzlich verlassen, und ohne alle Orientierung an diesem Ort." – „Mein Herz ist sehr zerschmettert. Ich Gescheiterter war gerettet an die einsame Höhle der wundervollsten, begnadigsten, ärmsten Seele; sie ist ausgeflogen und singt nicht mehr, und bannt den Sturm nicht mehr. Ich fasse ihr Kreuz und flehe, dass die Welle mich nicht verschlinge … Ich ging auf der Spur eines Kindes durch das Getümmel der Welt und habe die Spur verloren."[194] Heimatlos, planlos, ziellos lässt ihn offensichtlich der Tod der Emmerick zurück: „Noch weiß ich keinen Ausweg, keine Zukunft, Gott muss helfen."[195] Und so beginnt wieder das unruhige Leben mit dem häufigen Wechsel des Wohnortes, mit der Suche nach einer Heimat.

Schon vor dem Begräbnis von Anna Katharina verschwindet er aus Dülmen. Sein Leben wirkt wie eine Flucht. Er ist mit kurzen Aufenthalten unterwegs bei Freunden und Verwandten oder auf Reisen mit Freunden. Tatsächlich hat er keinen Ort, wo er hingehört. Adam zieht daraus den Schluss: „Gerade jetzt, wo die Heilswirklichkeit der Kirche sich auch ohne Vermittlung eines Menschen auf sein mannigfach zerschmettertes Gemüt auswirken müsste, zeigt sich mit aller Deutlichkeit, dass diese Wirklichkeit auch nach sechsjährigem, nächstem Umgang mit ihr nicht wirksam zu trösten vermag und dass er seinen dornenvollsten Weg im blinden Glauben und ohne fühlbare Erleichterung weitergehen muss."[196]

Mit Sicherheit hat Clemens Brentano aus der Begegnung mit Anna Katharina Emmerick nicht das mitnehmen können, was er gesucht hatte, nämlich so glauben zu können wie sie. In dieser Hinsicht verkörpert er den Menschen der modernen Zeit, der Aufklärung, so sehr er sich gerade gegen diese aufgelehnt hat. Er bleibt von Zweifeln geplagt, Versuchungen ausgesetzt. Vor allem aber bricht auch hier wie in all seinen Lebenskrisen die depressive Verzweiflung durch. Wie gelähmt hatte er sich in solchen Situationen erlebt, Verwandte und Freunde hatten ihn in seiner Existenz gefährdet gesehen.

Zwar hat sich seine Hoffnung auf eine endgültige Sicherheit im Glauben nicht erfüllt, doch drei wesentliche Elemente aus der Dülmener Zeit bewahren ihn vor einem tieferen Absturz und bleiben für sein weiteres Leben bestimmend:

1. *Das Kreuz, von dem für ihn alle Gnaden und letztlich die Erlösung ausgehen.*

2. *Sein Gefühl, in der Kirche, in dem sich immer wieder erneuernden Leib Christi, eine ihn einbindende Gemeinschaft gefunden zu haben.*

3. *Den von der Emmerick übernommen Gedanken, in der Zuwendung zu den Bedürftigen die Liebe Christi weiterzugeben.*

Er hält fest an der in Dülmen gefundenen Aufgabe. Auf den Reisen schleppt er zumindest einen Teil des in Dülmen beschriebenen Papiers mit. Eine Einladung seines Bruders Christian, diesen in Rom zu besuchen, schlägt er ab, obwohl er gern den Bruder und die Stadt Rom gesehen hätte: „Denn was mich hauptsächlich von einer Reise nach Rom abschreckt, ist mein Wille, mich von meinen so mühsam erworbenen Papieren nicht zu trennen.“[197] Doch es fällt ihm schwer, sich der Aufgabe zu stellen, an der er schon jahrelang arbeitet. Die ungeheure Menge des Materials – am Ende fast zwei Zentner Papier – lässt sich nur schwer in eine sinnvolle Ordnung bringen. Fast entmutigt schreibt er 1826 an seinen Bruder Christian: „Ich selbst arbeite noch immer am Register über meine wirklich stupenden Manuskripten, um nach einer Übersicht des Gleichartigen die Arbeit des Ganzen zu überschauen und zu beginnen. Wie nötig wäre mir vertraute, geistreiche Hilfe!!“ [198]

Die Reisen, die Arbeit an vielen anderen Projekten, die ausufernde Korrespondenz sind so Fluchten vor der ihn bedrückenden Aufgabe, gleichzeitig Ausdruck seiner Ruhelosigkeit. So erscheint sein Leben genauso rastlos und ziellos wie vor der Begegnung mit Anna Katharina Emmerick. Doch bei aller Ruhelosigkeit, die Richtung seines Lebens hat sich geändert. Wenn möglich, besucht er weiterhin täglich die heilige Messe, er verkehrt mit Leuten, die engagiert sind für die Kirche, für die Armen. Und er ist selbst ungeheuer aktiv für kirchliche und karitative Belange: er schreibt für Zeitschriften, verfasst Kirchenlieder, arbeitet an einem Plan einer katholischen Volksbücherei, unterstützt mit seiner umfangreichen Korrespondenz und durch seine Verbindungen engagierte Katholiken.

So aktiv er sich auch als gläubiger Katholik erweist, so fehlt ihm offensichtlich die letzte Gewissheit, Geborgenheit im Glauben. Denn auffällig ist seine Suche nach Wundern. „An Wundern hängt der Mensch, nach Wundern sehnt er sich und selbst der nüchternste hohlste hungert nach Wundern …, alle verlangen etwas anderes als das Tägliche, Gewöhnliche, alle fühlen sich gefallen, gefangen, sie wollen einen Strahl, ein Zeichen aus einer anderen Welt“, schreibt er an seine Schwester Gunda. In diesen „Zeichen aus einer anderen Welt“ sieht er die Vordergründigkeit der Aufklärung entlarvt, die nur am Verstand orientiert ist. „Der Verstand aber empfängt nicht, er zerlegt, vergleicht, wirft zurück, ordnet, erklärt, der Glaube nur empfängt.“ [199]

Diese zutiefst romantische Sehnsucht, „etwas anderes als das Tägliche, Gewöhnliche“ zu erfahren, findet Brentano nach seiner Rückkehr zum katholischen Glauben natürlich zunächst in den im Neuen Testament dargestellten Wundern Jesu. Er ist aber gleichzeitig davon überzeugt, dass Gott auch in seiner Zeit gegenwärtig ist und sich wie damals auch in Wundern zeigt. Und er hatte das „Wunder“ gefunden in Dülmen bei der stigmatisierten Anna Katharina Emmerick. „Dass er einen Menschen erlebte, der so leidenschaftlich glauben konnte, dass dieser Glaube sichtbar an seinem Körper erschien, dieses war für ihn das größte Wunder.“[200] Die Stigmata galten ihm als Liebeswunden, in denen die Liebe zwischen Gott und Mensch ihren körperlichen Ausdruck findet. So ist es nur konsequent, dass Brentano nach dem Tod der Emmerick dem Phänomen der Stigmatisation weiter auf der Spur blieb und weite Reisen unternahm, um weitere Stigmatisierte zu besuchen: 1825 die im Bistum Nancy lebende Apolonia Filzinger, 1835 in Tirol Crescentia Niklutsch, 1835 und 1837 ebenfalls in Tirol Maria von Mörl. Beim Besuch der A. Filzinger stellte er fest: „Etwa vierzehn Tage nach dem Tode der Emmerich, da nahm diese gute Seele, wie es scheint, das Kreuz auf sich, das jene niedergelegt, sie wurde komplett stigmatisiert.“[201]

Brentano machte in den ersten Tagen seiner Begegnung mit Anna Katharina eine weitere „wundersame“ Erfahrung. Wenn sie in einer Ekstase körperlich erstarrt war und nichts und niemand sie in dieser Erstarrung stören konnte, dann genügte die Hand eines Priesters, sie sofort aus dieser Erstarrung zu wecken. Diese Macht der Priesterhand zeigte sich auch in Situationen von schwerer Krankheit der Anna Katharina: „Um neun Uhr wichen die Schmerzen durch Priesterhand.“[202] Auch bei Anna Katharinas Nichte ist ein schwerer Krankheitsanfall verbunden „mit schrecklichem Geschluchze, Gerülpse und Würgen nur durch Priesterhand gelindert worden.“[203] Aus diesen Erlebnissen gewinnt Brentano die Überzeugung, dass die von Christus ausgehende „Heil–, Heiligungs– und Wunderkraft“ ..... „durch die von Ihm *(Christus)* aus von Hand zu Hand übergebene wundervolle heilige Kraft der Priesterweihe“[204] in der geweihten Priesterhand weiter gegenwärtig ist. Er misst so der Priesterhand eine „magisch–physische Kraft“[205] zu. Zwar wurde Brentano mit seinen intensiven Gesprächen schnell zum engsten Vertrauten von Anna Katharina: „Du bist mein Bruder, du bist noch mehr als mein Bruder, denn ich teile alles mit dir.“[206] Dennoch musste er von ihr erfahren: „Wenn gleich noch niemand so vertraut mit ihr gewesen als ich *(Brentano)*, fehle mir doch das Priestertum.“[207] Um den mit der Priesterweihe gegebenen Einfluss auf ihr Leben zu gewinnen und damit sicherzustellen, dass sie ihm ganz mit der Mitteilung ihrer Visionen zur Verfügung steht, will er selbst Priester werden. Es geht ihm aber nicht nur um den Einfluss auf Anna Katharina, denn auch gegenüber Luise Hensel bedauert er: „Ach, wäre ich doch ein Priester und könnte dir den Segen der Kirche Jesu in diesem Brief senden.“[208] Er möchte sich also die nach seiner Einschätzung magische Kraft mit der Priesterweihe aneignen. Da das dafür vorausgesetzte Studium der Theologie ihm aber die Zeit nähme, am Krankenbett der Anna Katharina deren „Visionen“ aufzunehmen, muss er darauf verzichten.

Doch er ist zutiefst davon überzeugt, dass die katholische Kirche über einen Schatz an Gnaden verfügt, deren Kraft hauptsächlich durch die geweihten Priester in Segnungen und Sakramenten, zum andern aber auch durch die Verehrung und die Anwendung von Reliquien in Segnungen und Berührungen weitergeben wird. Leider aber – so stellt er fest – ist es in seiner Zeit dazu gekommen, dass „man sich schämte des Glaubens an die heilende Wirkung des Befehls im Namen Jesu, des Kreuzzeichens, des Weihwassers, geweihten Öls, der gesegneten Kräutert–Amulette, Reliquien usw. wie des Exorzismus.“ [209] Brentano sieht aber auch, dass dieser Glaube auch noch wirkungsvoll existiert. Beeindruckt berichtet er z. B. von den „Heilungswundern“ des damals als „Wunderheiler“ auftretenden Fürsten Hohenlohe Schillingsfürst. Der 28–jährige geistliche Rat heilte nicht nur berühmte Personen, so z. B. die Prinzessin von Schwarzenberg, die seit vielen Jahren gelähmt war, sondern ganze Ansammlungen von Kranken. „Zu hunderten haben ihn Lahme, Blinde, Stumme und Taube in der Kirche umgeben, er fragte sie, glaubt ihr, dass Jesus euch helfen kann und will. Einstimmig schrieen sie ja, ja und er befahl ihnen im Namen Jesu gesund zu sein und sie waren genesen."[210] Immer wieder berichtet Brentano von wunderbaren Heilungen auch durch andere.[211] „Ich könnte dir erstaunlich viele Wunder melden", schreibt er an Luise Hensel.[212]

Da er schon in seiner so gottverlorenen Zeit so viele Wunder wahrnehmen kann, glaubt Brentano auch, dass in der Bibel „nur eine kleine Zahl der Heilungswunder"[213] Jesu berichtet wird. In seinem „Leben Jesu" findet man deshalb mehr Wunder dargestellt als in der Bibel. Eindrucksvolle Wunder der Bibel werden wiederholt: so z. B. Jesu Gang über das Wasser und die Brotvermehrung. Die Auferweckung der Tochter des Jairus, die Teufelsaustreibung bei Maria Magdalena finden sogar dreimal statt.[214] Adam, der so kenntnisreich und verständnisvoll wie keiner die Rückkehr Brentanos zur Kirche beschrieben hat, bezeichnet diese so irrationale und schrankenlose Suche nach Wundern als „kritiklose Wundersucht"[215] und sieht in dem Versuch, solche Wunder durch Segnungen und geistliche Beschwörungen herbeizuführen, einen Rückfall in die Magie.[216] Dieses so negative Etikett kann leicht dazu führen, den so genialen Brentano intellektuell zu disqualifizieren. Deshalb muss man versuchen, Brentanos Suchen nach Wundern aus der damaligen Zeit und aus seiner persönlichen Situation heraus zu verstehen. Einmal war das Zeitalter der Romantik im Gegenzug zur radikalen, oft auch intellektuell platten Aufklärung stark von der Faszination des „Wunderbaren" bestimmt. Zum anderen war in der oft blutleeren, rein rationalistisch bestimmten Theologie der Zeit die lebendige, so viele Menschen über die Jahrhunderte hinweg faszinierende Gestalt Christi verblasst, so dass im Gegenzug die im Volksglauben lebendigen Elemente des Glaubens so auch Wunder und Legenden wieder zur Geltung gebracht wurden. Brentano teilte auch zutiefst die Vorstellung der Romantik von der Alleinheit der Welt. Diese Einheit sollte auch anschaubar, die Idee in der Realität „verkörpert" werden, so z. B. die Liebe Gottes und der Glaube der Menschen im Heilungswunder. Verstärkt wird all das durch Brentanos persönliches Schicksal. Enttäuscht von den bitteren Erfahrungen in der Realität, hatte er immer schon im Reich der Phantasie Zuflucht gefunden. In der Begegnung mit der Emmerick und der dadurch ausgelösten intensiven Beschäftigung mit mystisch–religiösen Schriften schien ihm die Welt der Wunder zu einer die Geschichte bestimmenden Realität zu werden. „Hier erliegt er wieder einmal dem unwiderstehlichen Zug seiner Phantasie und seinem Hang zum seelischen Abenteuer", so Adam.[217]

Eine kaum zu überschätzende karitative Tätigkeit

Brentanos am Volksglauben, leider auch am Aberglauben des Volkes, an Legenden, an spätmittelalterlicher Mystik orientierten theologischen Vorstellungen waren stark rückwärts gewandt, restaurativ. In dem Wunderglauben Brentanos sieht Adam sogar „ein magisches Christentum". [218] In seiner persönlichen Frömmigkeit und in seinen Auffassungen von der Pastoral war Brentano dagegen durchaus überzeugend und richtungweisend. Die Liturgie der Kirche, die Sakramente, vor allem die Feier der Eucharistie hatten für ihn große Bedeutung. Einige Jahre vorher hatte er noch die „Formen des katholischen Cultus" als „formelle Dinge" bezeichnet, die ihm so fremd und so unverständlich und unangenehm sind.[219] Anna Katharina aber hatte die auf Paulus zurückgehende Glaubenswahrheit wieder wachgerufen, dass die Kirche der Leib Christi ist. Das war damals weitgehend vergessen. In der Feier der Eucharistie erneuert sich immer wieder dieses Geheimnis und der Mitfeiernde wird dabei immer wieder erneut eingebunden in den Leib Christi. Fromme Priester machen dies in der Feier erlebbar, nicht Prunk und Pracht. Immer wieder berichtet er in seinen Briefen von der Feier der Messe und dass er dabei fromme Priester habe. Die Forderung nach solch überzeugenden Priestern ist verbunden mit der Kritik an Priestern, die ihr Amt nicht in dieser Weise ausüben. Er „ist sehr betrübt, die Geistlichen immer wieder gegen die Beschränkung der Protestanten räsonieren zu sehen, während sie selbst das nicht tun oder wissen, was ihnen die Protestanten nicht verbieten würden: wirkliche Seelsorge. So ist auch das Elend der Armen, Kranken und Unwissenden ganz trostlos."[220] Hier macht er deutlich: so wichtig ihm in der Kirche die Sakramente, die Feier der Liturgie sind, einen wesentlichen Teil der Seelsorge sieht er in der Caritas. Aus der Überzeugung von der Zusammengehörigkeit der Christen, der Menschen im Leib Christi erwächst auch seine kaum zu überschätzende karitative Tätigkeit. Seit der Begegnung mit Anna Katharina hat der Millionärssohn mit beträchtlichem ererbten Vermögen sehr einfach, unbürgerlich, fast wie ein Mönch, oft mit einfachen Leuten zusammen gelebt. Aus seinem Vermögen hat er Bedürftige unterstützt, hat seine Autorenhonorare „milden Stiftungen" zur Verfügung gestellt. Da die Emmerickschriften „Bestseller" wurden, kamen noch nach seinem Tod beträchtliche Summen daraus zusammen. Brentano ist damit eine ganz einmalige Figur in der Geschichte der Dichter. Goethe und Schiller z. B., die Brentano noch erlebt und persönlich gekannt hat, haben nicht nur ausschließlich für ein gut bürgerliches Publikum geschrieben, sie haben auch innerhalb des bürgerlichen Publikums in einem großbürgerlichen Stil gelebt. Ihre Autorenhonorare haben nicht gereicht, dieses Leben zu finanzieren. Großen Ehrgeiz haben sie entwickelt, mit einem Adelstitel in die Welt des Adels aufzusteigen. Selbst der in seiner Jugend so revolutionäre Schiller, der Ehrenbürger der Französischen Revolution, hat sich lange um einen Adelstitel bemüht.

Brentano dagegen teilte sein Leben mit den Armen. Während eines Aufenthaltes bei seiner Familie, d. h. bei den Geschwistern in Frankfurt, trifft Brentano zufällig den Koblenzer Stadtrat Dietz, der diese Begegnung so beschreibt: „Ich weiß selbst nicht, wie es kam, dass ich mit ihm, der mir aus früheren Zeiten her mit seinem Komödienspiel nur lustig, spaßhaft und wie ein ätzendes Narkotikum vorgekommen, in ein ernsthaftes Gerede kam was Veranlassung gab, dass er *(nach Koblenz)* mitzog."[221] Der Fabrikant Dietz galt als der „Engel von Koblenz", da er seine Arbeitskraft und sein Vermögen in ein Bürgerhospital steckte, das nach der Aufhebung der Klöster die Krankenpflege in der Stadt übernahm. Außerdem hatte er die Leitung des „Milden Frauenvereins", der neben der Hilfe für Arme und Kranke auch eine „Freischule" *(ohne Schulgeld)* für Mädchen unterhielt. Brentano wurde neben Dietz gleichsam „zum Konsul der christlichen Barmherzigkeit in Koblenz, an den alle sich wandten, so oft es die Versorgung eines Armen, die Ermittlung eines Unterkommens, die Abwendung einer Gefahr oder ein ähnliches Anliegen galt."[222] Durch großzügige Spenden unterstützte er die Arbeit, zusätzlich warb er bei seinen wohlhabenden Verwandten und Bekannten in seiner umfangreichen Korrespondenz Spenden ein. Durch ihn kamen auch drei junge Frauen aus Westfalen, die mit Anna Katharina Emmerick in Verbindung gestanden hatten, als erste Pflegerinnen in das Hospital: Luise Hensel, Apollonia Diepenbrock und Pauline von Fellgiebel. Bewundernd berichtet Brentano über sie: „Diese drei frommen Personen haben zur großen Erbauung der Stadt, besonders der weiblichen Jugend wahrhaft exemplarisch und oft heldenmäßig gearbeitet, die verlassensten Schwerkranken mit Pflege, Nachtwachen, Erquickung und Bekehrung gepflegt, zugleich angestrengt für die Armen genäht und in allem diesem das Werk und die Weise der seligen Emmerick fortgesetzt und befolgt. Und in mehreren Jungfrauen der Stadt einen ähnlichen Sinn erweckt."[223] Brentano sieht also die Frauen und sich selbst mit den Werken der Barmherzigkeit in der Nachfolge der Anna Katharina Emmerick.

Für den weiteren Ausbau des von ihm gegründeten Hospitals hatte Dietz Verbindung zu dem Orden der „Barmherzigen Schwestern" in Lothringen aufgenommen. Sie sollten die Pflege der Kranken übernehmen, da es in Deutschland nach der Auflösung der Orden in der Säkularisation 1803 nur wenige Orden gab. Dietz reiste deshalb mit Brentano nach Frankreich. Brentano wollte mit einem Traktat über den Orden diesen in Deutschland bekannt machen. Wie so oft verlor er sich in der Arbeit. Vier Jahre forschte und schrieb er, und am Ende wurde ein dickes Buch daraus, in dem er die Geschichte des Ordens und die segensvolle Tätigkeit der Schwestern in Frankreich beschrieb. Das Buch „Die Barmherzigen Schwestern in Bezug auf Armen – und Krankenpflege" „zum Besten der Armenschule des Frauenvereins in Coblenz" erscheint anonym 1831. Es wurde in Deutschland begeistert aufgenommen. Jahre später schreibt Brentano aus München einer Freundin über dieses Buch: „Wunderbar war die Wirkung meines Buchs über die barmherzigen Schwestern, oder vielmehr meine Berührung mit Dietz gesegnet. Der Orden ist bereits über viele Städte Bayerns verbreitet und baut jetzt hier ein großes Mutterhaus."[224] 1913 bestätigt ein Herausgeber der Werke Brentanos: „Dass heute die Barmherzigen Schwestern verschiedener Kongregationen seit zwei Menschenaltern ihr stilles, segenbringendes, wahrhaft kulturschöpferisches Wirken in Deutschland und Österreich entfalten, ist das Verdienst von Brentanos schöner Werbeschrift."[225]

Die Emmerickschriften, übersetzt in viele Weltsprachen, werden zu den wichtigsten Betrachtungsbüchern im 19. und 20. Jahrhundert

Ganz lebendig geblieben ist ihm die Erinnerung an Anna Katharina. Immer wieder liest er in den unterschiedlichsten Kreisen aus seinen Manuskripten vor. „Alljährlich ließ er für die Entschlafene an ihrem Todestag eine heilige Messe lesen und opferte dabei für sie die heilige Kommunion auf."[226] „Über die selige Emmerich sprach er immer nur mit tiefer Verehrung und Liebe",[227] sagt eine Zeitzeugin. Die Emmerick hat ihn während dieser Arbeiten und auf den vielen Reisen immer irgendwie begleitet. Immer wieder stößt man in seiner ausgedehnten Korrespondenz auf Bemerkungen, dass er ihre Visionen von der Passion Christi vorgetragen hat, dass er auch in Süddeutschland, in Tirol, und sogar unter den „Barmherzigen Schwestern" in Frankreich auf Menschen trifft, die Emmerick verehren. Aber die Arbeit an den Emmerick–Papieren war bei den vielfältigen Beschäftigungen in den Hintergrund getreten, auch weil er sich so schwer damit tat. 1832 siedelte er nach Regensburg über, wo er Melchior und Apollonia Diepenbrock, seine Freunde aus der Dülmener Zeit, wohnten. Dort fand er auch die Atmosphäre zur Arbeit an den Emmerick–Papieren. Vor allem drängte ihn der Regensburger Bischof Wittman, die von ihm so hoch geschätzten Visionen der Emmerick zu veröffentlichen.

Der Plan des gesamten Werkes wird nun bald fertig. Es sollte ein Weltepos werden, in dem die Entwicklung und Geschichte der christlichen Religion von der Schöpfung bis zur Entstehung der Kirche beschrieben wird. 16 000 Folioseiten hat Brentano dafür beschrieben, rund zwei Zentner Papier. 1833 erscheint von dem gesamten Zyklus zuerst der letzte Teil: „Das bittere Leiden unseres Herrn Jesu Christus nach den Betrachtungen der gottseligen Anna Katharina Emmerich, Augustinerin des Klosters Agnetenberg zu Dülmen". In der Einleitung gibt Brentano statt der geplanten großen Biographie der Emmerick einen „Lebensumriß der Anna Katharina Emmerich". Das Buch wurde zu dem religiösen Betrachtungsbuch im 19. Jahrhundert bis hinein in die erste Hälfte des 20. Jahrhunderts. Es wurde ein Welterfolg, übersetzt in viele Sprachen, häufiger gedruckt als die Werke von Goethe oder Schiller.

„Das Leben der Jungfrau Maria“ liegt noch vor seinem Tode 1842 zur Hälfte im Druck vor, wird 1852 von seinem Bruder Christian veröffentlicht. Die weiteren Bände des „Leben Jesu“ kann er noch weitgehend im Manuskript fertigstellen. Dennoch verzögerte sich die Drucklegung nach seinem Tod um viele Jahre, da es nicht leicht war, einen kompetenten Herausgeber für die große Menge der so eng beschriebenen Seiten zu finden. Dieses umfangreiche Werk „Das arme Leben unseres Herr Jesu Christi nach den Gesichten der gottseligen Anna Katharina Emmerich Augustinerin des Klosters Agnetenberg zu Dülmen“ erschien 1858 –1860 in drei Bänden und erlebte viele Auflagen. So war, was den meisten nicht bewusst ist, Brentano ein außerordentlich erfolgreicher Autor. Allerdings wollte er nur der „Schreiber“ sein, deshalb hat er sich als Verfasser nicht genannt. Die eigentliche Urheberin des Werkes ist nach dem Titel „Anna Katharina Emmerick, die Nonne aus Dülmen“. Und damit wurde „Anna Katharina Emmerick“ und auch das damalige Provinznest „Dülmen“ durch dieses Werk in der Welt bekannt. Auch neuere Ausgaben tragen heute noch im Titel den Namen der Nonne und der Stadt Dülmen in die Welt. Das Autorenhonorar, zusätzlich noch einen großen Teil seines ererbten Vermögens, stellte Brentano, angeregt von Anna Katharina Emmerick, „milden Stiftungen“ zur Verfügung. Nach heutigen Schätzungen einige Millionen Euro. Wie stark der Aufenthalt in Dülmen sein weiteres Leben bestimmt hat, das bekennt er noch zwanzig Jahre später einem Freund: „Viele Nächte habe ich geweint und Gott gebeten, mir doch wieder etwas zu geben, nur etwas, woran ich mich halten könne. Dann kam die närrische Fügung, dass ich die Emmerick kennen lernte.“[228]

Bei all der intensiven Arbeit an religiösen Werken, bei der aufopfernden karitativen Tätigkeit ist Brentano immer noch auch der witzige und geistreiche Unterhalter. Nur ein Beispiel dafür: 1830, also sechs Jahre nach dem Tod von Anna Katharina, ist er in Wiesbaden zur Kur. An einem Mittag ist er gerade bei bester Laune und lässt ein Feuerwerk der witzigen Unterhaltung los. Alle Gäste verstummen und hören gebannt zu. Der Wirt macht mit Brentanos Freund aus, dass sie am anderen Tag wieder zum Essen kommen und benachrichtigt die Kurgäste, dass der berühmte Poet Brentano bei ihm speisen wird. Der Saal ist voll, Brentano erhält einen Tisch mitten im Saal. Zunächst schweigt Brentano, da er den Plan des Wirtes durchschaut, doch dann eröffnet er mit einem Kraftausdruck das Spiel. Der Wirt bietet ihm danach an, dass er jeden Tag umsonst bei ihm essen kann und noch ein Honorar dafür bekommt.[229] Brentano ist natürlich nicht darauf eingegangen.

11. Die letzte grosse Liebe – Emilie Linder

„Mich kreuzigte die Liebe, die ich fand, du kreuzigest die Liebe, die dich suchet“

Seine letzten Lebensjahre verbringt Brentano in München. Er wohnt dort acht Jahre bei der Familie Schlotthauer. Auch die Schlotthauers stellten fest, wie alle, die mit Brentano zu tun hatten, dass er kein einfacher Mensch war, oft seinen Stimmungen unterworfen. Die gutmütige Frau Schlotthauer aber war stolz, dass sie nach einiger Zeit ganz gut mit ihm zurechtgekommen ist; sie wusste auch seine angenehmen Seiten zu schätzen, so sagt sie: „Viele Stunden saß er bei uns und erzählte uns, und so konnte er erzählen, dass man alles darüber vergaß.“[230]

Brentano hatte also nichts von der Zauberkraft seiner Worte verloren. Das erweist sich auch in den Kreisen, in denen Brentano in München verkehrt. In diesen Kreisen diskutierten Künstler und Wissenschaftler, wie es Brentano als Student bei seinem Aufbruch in Jena in den literarischen Salons erlebt hatte. Doch im Unterschied zu den Zirkeln in Jena, die in der Kunst quasi eine neue Religion sahen, waren die in den Münchener Kreisen Versammelten alle engagierte Katholiken. Hier fühlte sich Brentano in seinem Element. Sein Freund Görres, der ihn in diesen Kreisen in München erlebt hatte, beschreibt ihn: „Brentano war das interessanteste, Witz und Humor versprühende Element in jenem Freundeskreise. Wenn er anhub, eine lustige Schnurre oder köstliche Erzählung zum Besten zu geben, ward alles in der Runde still und aufmerksam. Dann hob sein ganzer Körper sich, das Haupt mit den dunkelgrauen Locken wogte langsam hin und her, aus dem sonnenverbrannten Gesicht leuchteten unter finsteren, buschigen Brauen her ein paar wundervolle, dunkle Augen, ein ausdrucksvolles Mienenspiel und lebhafte Gesticulationen verliehen dem Ganzen den Reiz der

Frische und dramatisches Leben, und aus dem schöngeformten Munde strömten klangvoll und ungezwungen die geist– und witzreichsten Worte, so dass nicht selten die ganze Gesellschaft von der unvergleichlichen Humoristik hingerissen wurde und ein Sturm krampfhaften Lachens der Erzählung ein unfreiwilliges Ende machte. Nicht selten aber wusste er durch eine traurige, poesiedurchtränkte Erzählung bis ins Herz hinein zu rühren oder er saß ganz still in sich gekehrt wie ein Stummer an einem Ende der Tafel."[231]

Ein anderer Teilnehmer beschreibt das später: „Die Zeit der alten Münchener Romantiker lebt wieder auf in dieser Tafelrunde, wo Clemens Brentano wie ein Komet durch diese Münchener Gesellschaft fuhr, bezaubernd und bezaubert, letzteres, wie man sagt, ganz besonders durch Fräulein Linder."[232] Zur Überraschung aller Freunde und Bekannten, die Brentano fast ein mönchisches Leben führen sahen, hatte der 55–jährige Brentano sich wieder einmal leidenschaftlich verliebt. In einem Brief an ihn mokiert sich seine Freundin Luise Hensel, offensichtlich nicht ganz frei von Eifersucht: „Wie ein Mensch, der so mit dem Leben gebrochen und nachher vier Jahre in so ernster Beschäftigung mit den wunderbarsten Dingen *(wie er in Dülmen)* gelebt, noch so eine jugendliche, glühende Leidenschaft fassen und sich derselben so hingeben konnte, er der Greis, zu einer 40–jährigen Jungfrau."[233] Der Greis war gerade einmal 55 und die Jungfrau 36.

Emilie Linder war die Tochter sehr wohlhabender Geschäftsleute aus Basel, verfügte als Erbin deshalb über ein beträchtliches Vermögen. Sie war Malerin, war zur Fortsetzung ihrer Ausbildung nach München gekommen und dort geblieben. Es wiederholt sich die Konstellation der Beziehung Brentanos zu Luise Hensel. Emilie war ebenfalls fast 20 Jahre jünger als Clemens, war, wie auch Hensel, Protestantin, stand, wie auch Luise, der katholischen Kirche sehr nahe, konvertierte auch nach Brentanos Tod. Wie Luise war auch Emilie fasziniert von Brentano, sie schreibt einem Freund: „Sie könne sich nicht erinnern, dass ihr je ein ähnlicher Mensch begegnet sei."[234]

Der alternde Brentano, sein Leben lang getrieben von Sehnsucht nach unendlicher Liebe, glaubte und hoffte, die Sehnsucht könnte sich in seiner letzten Lebensphase doch noch erfüllen. Schon das erste bekannte Liebesgedicht Brentanos an Emilie Linder zeigt seine unstillbare Sehnsucht nach einem Halt in der Welt, die der rasenden Flüchtigkeit unterworfen ist. Diesen Halt in der von ihm als „reißend" empfundenen Zeit sucht er in der Liebe.

Wo schlägt ein Herz, das bleibend fühlt?
Wo ruht ein Grund nicht stets durchwühlt,
Wo strahlt ein See nicht stets durchspült
Ein Mutterschoß, der nie erkühlt,
Ein Spiegel nicht für jedes Bild
Wo ist ein Grund, ein Dach ein Schild,
Ein Himmel, der kein Wolkenflug
Ein Frühling, der kein Vögelzug,
Wo eine Spur, die ewig treu,
Ein Gleis, das nicht stets neu und neu,
Ach wo ist des Bleibens auf der Welt,
Ein redlich ein gefriedet Feld,
Ein Blick, der hin und her nicht schweift,
Und dies und das und nichts ergreift,
Ein Geist, der sammelt und erbaut,
Ach wo ist meiner Sehnsucht Braut;
Ich trage einen treuen Stern
Und pflanzt' ihn in den Himmel gern
Und find' kein Plätzchen tief und klar,
Und keinen Felsgrund zum Altar,
Hilf suchen, Süße, halt o halt!
Ein jeder Himmel leid't Gewalt.
Amen![235]

Die intensive Suche nach Halt hat schon die Briefe an seine erste Frau Sophie Mereau bestimmt. Später bei Luise Hensel war diese Suche zusätzlich verknüpft mit seiner Suche nach religiöser Geborgenheit, so dass Eros und Religiosität in seinen Gedichten und Briefen zu einer Einheit wurden. Sein Verlangen, Luise als Lebenspartnerin zu gewinnen, war gleichzeitig ein Drängen, sie zu Konversion zu bewegen, so dass sie beide zusammen einen Platz am Altar fänden. Auch dieses Gedicht an Emilie ist von diesen beiden Motiven bestimmt. Es ist die stürmische Aufforderung, das himmlische Ziel auf Erden in der Gemeinsamkeit der Liebe anzunehmen. Gleichzeitig aber ist es in dieser Gebetsform und der dem Matthäus–Evangelium entnommenen Wendung: „Das Himmelreich erleidet Gewalt und Gewaltsame reißen es an sich“[236] „die Aufforderung an Emilie Linder, die lange Zeit gehegten Konversionspläne endlich zu verwirklichen, Zweifel und Zögern aufzugeben und das Himmelreich mit Gewalt an sich zu reißen.“[237]

Aber die neue Liebe war nicht nur die Suche des alternden Mannes nach Geborgenheit. Scharfsinnig hat Luise Hensel Brentanos neu erwachende Liebe als „eine jugendliche glühende Leidenschaft“ erkannt, obwohl dieser erotisch–sinnliche Charakter dieser Liebe nur in Brentanos privaten Werbungen um Emilie Linder zum Ausdruck kam. Denn diese war stets bemüht, trotz der erwünschten Nähe auch eine gewisse Distanz zu wahren. Brentano aber setzte alles daran, Emilie für sich zu gewinnen. Dabei bediente er sich aller Mittel, die ihm zur Verfügung standen: Seiner beeindruckenden Präsenz und Wirkung im persönlichen Gespräch, der Vorstellung seiner dichterischen Existenz im Vortragen aus seinen Werken, der Zauberkraft seiner Worte in Briefen und vor allem auch in Gedichten, aber auch in Zeichnungen und Bildern, die er von anderen Künstlern als Geschenke für die Malerin anfertigen ließ. Sein Werben verband er mit dem missionarischen Bestreben, Emilie der katholischen Kirche zuzuführen. Er schien mit beiden Zielen erfolgreich. Denn auf seinen Wunsch lud die außerordentlich gastfreundliche Emilie zusätzlich zu den schon festgesetzten wöchentlichen Treffen von Wissenschaftlern und Künstlern zu einer zweiten Zusammenkunft in ihrem Haus ein. Brentano übernahm die Einladungen und bei dem gemeinsamen Essen auch die Rolle des Tischherren.[238] Viele Weihnachtsfeste verbrachte er zusammen mit den Schlotthauers bei ihr. Linder selbst berichtet: „Brentano sei täglich bei ihr und lese aus den Mitteilungen der Nonne von Emmerich in einem kleinen Kreis lieber Menschen vor."[239]

Doch es bleibt nicht nur bei diesen frommen Geschichten. Wie in einem Feuerwerk lässt Brentano alle seine poetischen Möglichkeiten noch einmal in einer Vielzahl von Liebesgedichten an die Geliebte aufblitzen. Er greift dabei Motive, ganze Verse aus früheren Liebesgedichten wieder auf, auch aus solchen, die ursprünglich an Luise Hensel gerichtet waren. Sogar ganze Gedichte formuliert er auf die neue Situation um. Dabei spielt er mit dem Namen Linder, indem „die Linde" und das Adjektiv „linde" in den Gedichten immer wiederkehren. Die für Gedichte so ungewöhnliche direkte Ansprache der Geliebten durchzieht in manchen Gedichten wie ein fortlaufender Faden die Verse, als wolle der Autor die Geliebte mit diesem Faden einspinnen. Auch der junge Brentano hatte seine erste große Liebe, Sophie Moreau, und später Luise Hensel, die er so stürmisch geliebt hat, in feurigen Gedichten umworben. Doch die in den Linder–Gedichten so ungewöhnliche, zuweilen auch aufdringliche persönliche Ansprache findet man in diesen Gedichten nicht. Vor allem aber ist neu in diesen Liebesgedichten an Emilie Linder die ins Sinnliche gesteigerte Erotik, die körperliche Intimität. Dafür zwei Beispiele:

Süßer Trost

Süßer Trost in heißen Stunden,
Da die Liebste, die mir lebt,
Zitternd vor mir stand in Wunden
Und doch nicht vor mir erbebt.

Da sie mir mit heißem Flehen,
Der demütig sie umfing,
Wahr ins bange Aug' gesehen,
Daß mir's durch die Seele ging.

Und ich fleht', ach mir alleine,
rechne diese Glut nicht an,
Deine Flamme war die meine,
Beide fasste uns der Wahn.[240]

Bitte, bitte

Bitte, bitte,
Wenn du wüßtest,
Was ich bitte,
Ach du küßtest,
Meine Schritte,
durch die Hütte!
Lerne, lerne –
Sieh die Sitte
Und die Sterne
Lauschen draußen,
Gar nicht ferne –
Und wir hausen
Still hier innen,
Selig Stille
Kein Besinnen,

Und kein Wille –
Und wir spinnen
Eine Hülle
Für die arme
Nackte Liebe
Gott erbarme!
Daß sie bliebe
Nicht so frierend –
Nicht so rührend.–[241]

Die Situation ist: Das Ich und das Du befinden sich in einer Hütte, also in einer intimen Situation. Das Ich hat eine inständige Bitte (Wiederholung der Bitte), wagt sie aber nicht auszusprechen, geht aber dennoch davon aus, dass diese Bitte bei dem Du willkommen ist (Wenn du wüßtest, was ich bitte, ach, du küßtest). „Lerne, lerne“: Lernen sollte das Du zu wissen, was das Ich wünscht, worum es bittet. Gleichzeitig sollte das Du sich bewusst machen, dass sie beide allein, also unbeobachtet sind. Das Licht (Sterne), aber auch die Kontrolle durch die Sitte sind draußen. „Und wir hausen still hier innen.“ Hausen lässt anklingen: wir sind hier zuhause, und dem Lauschen der nicht fernen Sterne und der Sitte sind sie, abgeschirmt vom Licht, und durch die Stille entzogen. Diese Stille wird noch einmal aufgenommen als „selig“, d. h. für das, was jetzt in dem Raum geschieht, versagen die Worte, es ist ganz innerlich und beglückend. „Kein Besinnen und kein Wille“. Das ist wohl das kühnste Eingeständnis, diesem inneren Vorgang nichts entgegenzusetzen weder die rationale Kontrolle: „Kein Besinnen“ noch den Willen. „Und wir spinnen eine Hülle für die arme nackte Liebe“. Ist hier nur die abstrakte Liebe gemeint oder doch die nackte, die körperliche Liebe?

Solche Gedichte haben die Germanisten rätseln lassen: spricht Brentano darin seine Träume, Wünsche aus, spielt er mit einer Tradition galanter Gedichte oder beschreibt er darin ein Erlebnis? Es ist gut, dass es Brentanos und Emilies Geheimnis bleibt. Aber man kann feststellen, in dieser Beziehung Brentanos zu Emilie Linder brechen von Brentano selbst errichtete Dämme: seine Verurteilung der geschlechtlichen Liebe und die Absage an jede Kunst, die weltliche Lust verherrlicht. Die Eindämmung der Sinnlichkeit hatte in der Begegnung mit Luise Hensel begonnen. Viele Gedichte aus dieser Zeit zeigen sein Ringen mit der ihn bedrängenden Sinnlichkeit:

> Lass, was bös in meinen Sinnen,
> Alle heiße Erdenglut,
> Heut aus meinen Adern rinnen.
> Morgen dann gib mir dein Blut.[242]
>
> Mein eignes Blut unbändig
> Will stets der Herrscher sein.
>
> Lass nicht tyrannisieren,
> In mir das eigne Blut."[243]
>
> Was in mir aus der Schlangenbrut
> Versuchend liegt gefangen,
> Herr tilg mit deinem Fleisch und Blut,
> Dies Drängen, Sehnen, Bangen.[244]

Schließlich hatte Brentano in der Begegnung mit Anna Katharina Emmerick eine Frau gefunden, die ihn allein durch ihre geistig–geistliche Ausstrahlung fesselte, keine Sinnlichkeit in ihm weckte, mit ihrem durch Krankheit so zerstörten Körper auch gar nicht wecken konnte. Er berichtet selbst darüber: „Hier sieht uns ein bestehendes höheres Leben durch einen gefallenen vergänglichen Leib an, die ewige Freiheit der Liebe und Gnade und Unschuld."[245] Da sich ihm durch diese Frau der Blick in eine andere Welt öffnete, verlor die Körperlichkeit gleichzeitig an Gewicht. Die Beherrschung der Sinnlichkeit wurde durch die Visionen der Anna Katharina zusätzlich theologisch untermauert. Denn nach Brentanos Tagebuch besteht die Ursünde in der Geschlechtlichkeit, nicht, wie es der theologischen Tradition entspricht, in der superbia – Sein Wollen wie Gott.[246] Nach Emmericks (Brentanos) Vorstellungen waren die Menschen im Paradies „eins in Gottes Willen, jetzt waren sie getrennt in eignem Willen, und jeder hatte diesen Willen in sich als Begierde zum andern, und diese Begierde, die Liebe zu einander war Eigenlust, Sündenlust und Unkeuschheit. Sie waren sündhafte, unreine, fleischliche Menschen geworden." [247] So wird die sinnliche Liebe schließlich völlig verworfen, wie Brentano in einem Brief, in dem er von der Menschwerdung Gottes spricht, beschreibt: „Gott ward ein Mensch ... ganz rein ohne menschliches garstiges Machwerk, schon weil wir fühlen, dass die Zeugung nie etwas Schönes sein kann, ist es nicht möglich, dass Jesus einen menschlichen Vater hatte."[248] Damit verbietet sich auch die Verherrlichung der erotisch–sinnlichen Liebe in der Kunst. Diese Absage an die Poesie hatte Brentano Emilie Linder noch in seinem ersten Brief an sie versichert, als sie ihr Bedauern darüber äußert, dass er sein Talent der Poesie entzogen habe: „Soll ich das vergängliche, trug– und sündenvolle Leben noch mehr schminken helfen, als die Begierde es bereits tut?" [249]

„Die sinnliche Liebe ist eine rote Flamme", hatte Brentano einst Luise Hensel geschrieben.[250] Diese Flamme war noch einmal entfacht durch Emilie Linder. In den Lindergedichten und in den Briefen an Emilie ist das heftige Lodern und Flackern dieser Flamme noch heute zu spüren. Die Begriffe der Leidenschaft: Flamme, Glut, Blut finden sich gehäuft in den Gedichten dieser Zeit:

Armer Freund, ach meine Gluten,
Sind nicht deines Herzens Glut,
Diese süß entflammten Fluten
Sind mein leicht entzündlich Blut.[251]

Und so werden diese Gedichte stärker als in Brentanos frühen Werken gleichsam zu einem Lockruf der erotisch–sinnlichen Liebe des Dichters „an Leib und Seele liebeszaubertrunken."[252] Von dem stürmischen Liebeswerben in den Briefen an Emilie Linder in den Jahren 1833/34 ist kaum etwas erhalten, da Emilie die persönlichsten und sie bedrängenden Briefe vernichtet hat. Der Maler Steinle, sowohl Brentanos als auch Linders Freund, hat die Briefe gelesen, als er der Freundin beim Aussortieren geholfen hat, er fand auch in den Briefen die Spuren der sinnlichen Leidenschaft: „Was ich jetzt davon gelesen, hat mich fast traurig gemacht, denn es ist viel Schönes und Gutes vom Sturm der ungesänftigten Leidenschaft, der leidenschaftlichen Liebe zur Kreatur getrübt."[253]

Der Zensur entgangen aber ist ein Text, den Brentano einem Bild eines für Emilie entworfenen Lebensbaumes beigefügt hat. Der lange Text, in dem er immer wieder betont, dass Emilie wie ein Kind offen ist für die Liebe, endet mit einem flammenden Bekenntnis seiner Liebe: „ Ich verstand diese Liebe als Zauber, der auch mich gefasst … Sie *(Emilie)* ist mir die arme, die einfache, die einzelstehende Waise, die zierlichste, lieblichste, hinreissendste, unbefangenste unter allen Menschenkindern, mein arm Lind, mein süß Lind, die schwarzlaubige Linde, vor der ich zittre und bebe, die mich töten kann und mir ein kummervolles Leben fristen."[254]

Schon diese wenigen Zeilen des mehrseitigen Textes zeigen, wie Brentano Emilie Linder stilisiert. So war es bei allen Frauen, die ihm etwas bedeutet haben. Hier wird die 37–Jährige zum Kind voller naivem Vertrauen in die Menschen, offen für die Liebe von anderen und für die Liebe zu anderen. Ein Zauber geht von ihr aus. Die Millionärin, die als alleinstehende Frau ihr Haus für einen großen Kreis von Freunden geöffnet hat, die immer wieder allein Reisen unternimmt, die zwei Jahre in Italien verbracht, in Rom Kunst studiert hat, sich von ihrer Heimatstadt Basel aufgemacht hat nach München und dort viele Freunde gefunden hat, und somit eine für die damalige Zeit ganz außergewöhnliche Selbständigkeit beweist, wird zur „armen", „einfachen", „einzelstehenden Waisen" gemacht. Mit all den zugeschriebenen Attributen erklärt Brentano sie zu einer Liebesbedürftigen, bedürftig seiner Liebe. In die gleiche Richtung weist auch die Rückführung ihres Namens auf „lind", (die ursprünglichen Bedeutung von „lind" ist: „zart, schmiegsam"), ein Spiel mit ihrem Namen, das die Briefe und Gedichte an sie durchzieht. Am Ende wird die Geliebte auch noch zur „Linde", dem Baum der Romantik, der mit seinem Duft die Insekten, aber auch die Menschen anzieht, die sich unter dem Baum singend und tanzend versammeln, „schwarzlaubig" wegen der schwarzen Haare Emiliens.

Dann aber kippt das Ganze um: Brentano ist ihr völlig ausgeliefert. Er „zittert", „bebt" vor ihr, „sie kann ihn töten". Er also ist der Liebesbedürftige. So ist die Liebe nicht ein Geschenk an die arme Bedürftige, sondern die Liebe wird zu einer Forderung für ihn, den so Bedürftigen. Das schmeichelnde Werben schlägt so um in gewaltsamen Druck. Schon die damals gerade 18–jähige, unerfahrene Luise Hensel hatte gespürt, dass die umklammernde Liebe Brentanos sie erdrückt, und hatte sich ihr entzogen. Wie viel mehr musste Emilie, die so lebenserfahrene und selbständige Frau, so sehr sie auch beeindruckt war von dem genialen Mann, erschrecken vor solch einer Werbung. „Es erschütterte den Menschen, der plötzlich ein fremdes Leben mit aller Gewalt in seine Hand gegeben sah und sich Liebe aufgezwungen fühlte, die kaum im Herzen gewachsen war. Denn wie auf ein Gottesurteil über Leben und Tod setzte Brentano auf die, die er liebte. Was er demütige Hingabe glaubte, wird in seltsamer Verkehrung fast zur Tyrannei", so hat W. Migge das Problem von Brentanos Lieben beschrieben. Er könnte das direkt aus den oben von Brentano zitierten Sätzen an Emilie abgeleitet haben.[255]

Brentano selbst war sich dessen wohl nie bewusst und so bettelt er in einem Brief: „Liebe arme Lind ... Auf Deinen Brief habe ich noch nicht geantwortet, ich zittere immer, so ich ihn anblicke, o es ist viel Liebes und Gutes drin, und dennoch fehlt Eines, wovon Du hättest tröstend sprechen sollen!“[256] Er erwartete eine positive Antwort auf sein leidenschaftliches Werben. Da sie so viele Kontakte mit ihm nicht nur ermöglicht, sondern auch selbst veranlasst hatte, glaubte er, sie ganz für sich gewonnen zu haben. Doch es kam im Gegenteil bald von Seiten Emiliens zu einer Abkühlung der Beziehung „Verehrte Freundin! Ich wünsche, dass dieser Brief dich nicht belästigen möge“, so distanziert beginnt nach der ersten Phase der Beziehung ein Brief, und am Ende heißt es: „Ach Gott, ich schrieb Dir gern, aber ich darf ja nicht.“[257] Emilie hat sich offensichtlich die leidenschaftlichen Bekenntnisse seiner Liebe in den Briefen verbeten. Und wieder gerät Brentano wie in der Begegnung mit Luise Hensel in die verzweifelte Situation einer unerfüllten Liebe. Wie damals bringt er sich mit dem Schmerz darüber in die Nähe des Leidens Christi. Zu einer Anekdote über ihn und eine angeblich Stigmatisierte schreibt er Emilie in Anspielung auf ihren Namen: „Sie *(die Erzähler der Anekdote)* wissen nicht, wer mir die Dornenkrone aufgesetzt und dass sie von lauter dunklem Lindenlaub ist.“[258] In einem Gedicht an Emilie Linder beschreibt Brentano ihre Beziehung:

Mich kreuzigte die Liebe, die ich fand,
Du kreuzigest die Liebe, die dich suchet,
Sprich, wer von uns dem Kreuze näher stand,
Ich hab’ den Kelch geleert, du ihn versuchet.[259]

Brentano erlebt hier, was er auch bei Luise Hensel so schmerzhaft erfahren hat, dass die Geliebte, die er mit seiner Nähe fast verschlingen möchte, auf Distanz geht. Offensichtlich aber will Emilie keinen Abbruch der Beziehung, verweigert nur die von Brentano angestrebte Nähe, ein Zusammenleben in einer Ehe. Von Seiten Brentanos bleibt es deshalb bei einem flehenden Ton in seinen Briefen, während Emilie immer wieder eine gewisse Nähe nicht nur zuließ, sondern auch wohl wünschte; denn sie antwortete auf seine Briefe, hielt an ihren Einladungen fest, feierte mit ihm und anderen ihre Geburtstage und die Weihnachtsfeste. Aber wenn Clemens aus dieser Nähe Hoffnung für eine engere Beziehung schöpfte, schuf sie immer wieder Distanz. Dieses Hin und Her in der Beziehung beschreibt Clemens: „Ich habe bis jetzt selten erkannt, was sie versteht, denn mein Verhältnis zu ihr von ihrer Seite ist keine Freundschaft und keine Liebe, sondern eine Fledermaus zwischen beidem, da ist Dämmerung und Grauen."[260] Eifersüchtig registriert er Emiliens Kontakte zu anderen Männern.

Du gehst ganz lustig durch spazieren,
Und drehst das Hälschen in die Rund,
Ich habe eins nur zu verlieren,
Mit Dir geht alles mir zu Grund.

Du suchest das in allen Dingen
Was ich in dir gefunden hab',
Du möchtest allen Liebe bringen,
Ich tret' der Lieben alles ab.[261]

Es ist also mehr als eine bloße Freundschaft, aber auch keine Liebe, wie er es versteht. Denn er verlangte von Emilie die gleiche Ausschließlichkeit, mit der er selbst zu lieben vermeint. So war es in allen erotischen Beziehungen Brentanos und daran sind sie am Ende auch gescheitert. Die völlige Überschätzung oder Fehleinschätzung seiner Liebe und die Maßlosigkeit der Forderung an die Geliebte machen ihn blind für die Realität der Beziehung. Zum einen sieht er nicht, dass Emilie sich vor dieser Maßlosigkeit schützt, indem sie ein Zusammenleben in einer Ehe verweigert, zum anderen aber übersieht er auch, wie sehr sie ihm zugetan ist.

Aber trotz des erzwungenen Verzichts auf ein gemeinsames Leben hält er fest an der Liebe zu ihr und an seinem Bild von ihr, fühlt er sich doch wehrlos in seinen Gefühlen: „Emilie, wie arm bin ich, sieh ich liebe Dich im Augenblick so, dass, hättest Du mir auch alles mögliche Weh angetan oder alles Wohl, was Liebe antun kann, ich doch nichts vermöchte, als zu lieben und zu leiden und zu danken."[262] Manchmal dämmert ihm auch die Einsicht, dass er Emilie und sich selbst nur Schmerzen bereitet, wenn er an seiner leidenschaftlichen Liebe festhält und sich nicht mit einer engen Freundschaft begnügen kann. „Meine Seele ist mehr bei Dir, als mir gut und Dir lieb ist, sie ist schier immer bei Dir und wenn bei Gott, dann auch für Dich."[263] Aber offensichtlich konnte er ohne Liebe – ob glücklich oder unglücklich – nicht leben. Liebe kannte nach seinem romantischen und religiösen Weltverständnis keine Einschränkung, sondern nur eine die ganze Peson erfassende Hingabe. Deshalb ist Liebe immer auch verbunden mit Leid: Leiden durch die Liebe und Leiden an der Liebe. Das ist ein durchgehendes Lebensthema bei Brentano. Die tiefe Berührung durch Liebe und Leid ist ihm immer wieder auch Quelle der literarischen Produktivität nicht nur in den Hensel- und Linder-Gedichten, sondern auch in den Emmerickschriften. Das Leiden an der Liebe nährt seine bis zur Depression reichende Melancholie, gleichzeitig aber hält das Gefühl einer innigen Liebe ihn auch wiederum in einem gewissen seelischen Gleichgewicht. So schreibt er schon zu Beginn seiner Beziehung zu Emilie an eine ihrer Freundinnen, „dass ich nirgends leben kann, als in der Nähe Ihrer Freundin, und wenn ich auch darin stürbe. … nirgends bin ich …, als wo sie mir zu leiden erlaubt; da sie aber die Gnade des Mitleids hat, erlaubte sie mir bis jetzt meistens in ihrer Nähe, weil dort am wenigsten zu leiden."[264] Und mit großer Freude registriert er ein Jahr vor seinem Tod ihre Rückkehr aus Basel, wo sie sich in jedem Jahr für einige Zeit aufhielt, nach München: „Ich danke Gott mit Dir von ganzem Herzen, dass er Dich gesund an Leib und Seele… in Deine zweite Heimat zurückgeführt hat, welche durch Dich und um Dich allein noch die meinige ist."[265] Er, der sich fast immer als Heimatloser gefühlt hat, glaubt also bzw. steigert sich in die Illusion, dass er durch Emilie in München Heimat gefunden habe. In seinen letzten Briefen an Emilie Linder werden seine Versuche, sie zur Konversion zur katholischen Kirche zu bewegen, immer dringlicher. Denn mit ihrer Einbindung in die katholische Kirche, die ihm selbst als Leib Christi mit ihren Sakramenten Heimat geworden war, würde sie wie er zu einem Glied am Leibe Christi und als solche mit ihm in dieser mystischen Einheit verbunden sein.

Als Brentano die Anzeichen seiner schweren Herzerkrankung spürt, vertraut er sich Emilie an: „Wie fühle ich mich hilflos, voll schwerer ernstester Aufgaben todesmüde, ohne Hilfe und Beistand und Pflege an den Weg hinausgeworfen. Was wird aus mir werden?" Sie hilft im bei der Beschaffung einer neuen Wohnung und bei der Suche nach einer Haushälterin. Sie besucht ihn, als es ihm schlechter geht

Nach einem seiner Besuche, als er schon schwer krank ist, schickt sie sofort am nächsten Tag ein Billet an ihn. Darin gibt sie ihrer Sorge Ausdruck, wie er gestern bei dem schrecklichen Schnee nach Hause gekommen sei, und endet: „Werden Sie bald ganz gesund; bitte, bitte. Addio, und gute Nacht."[266] Dies ist das einzige erhaltene schriftliche Zeugnis ihrer Gefühle für Brentano. Die Dringlichkeit der Bitte zeigt ihre tiefe Sorge um ihn, ihre Angst, ihn zu verlieren. Diese Angst formuliert sie in bewegenden Worten in einem Brief an den gemeinsamen Freund, den Maler Steinle: „Das Herz ist mir recht bang und schwer…es ist mir ein ganz zerreißender Schmerz, ich kann es gar nicht aussprechen."[267] Sie verfällt dabei – bewusst oder unbewusst – in eine für Brentano so typische Wendung: „Ein ganz zerreißender Schmerz", fühlt offensichtlich auch wie er das große Leid an ihrer Liebe.

Da sich schon bald Brentanos Zustand weiter verschlechtert, bittet Emilie seinen Bruder Christian, den Arzt, den Kranken zu sich nach Aschaffenburg zu holen. In Aschaffenburg fühlt Brentano, dass sein Ende naht. Deshalb möchte er die beiden Freundinnen Emilie Linder und Apollonia Diepenbrock noch einmal sehen. Es wird berichtet, auf der Fahrt nach Aschaffenburg habe Emilie „immer sein Rufen nach ihr zu hören gemeint, es sei ihr gewesen, als müsste sie aus dem Wagen springen, dem allzu langsam rollenden vorauszueilen."[268] Die beiden Freundinnen kommen zwar noch vor seinem Tod an, finden ihn aber nicht mehr bei Bewusstsein.[269] Zwei Monate nach seinem Tod schreibt Emilie Linder an den mit ihr und auch mit Brentano eng befreundeten Maler Steinle: „Jetzt ... wird's mir recht fühlbar, welche Lücke in mein Leben gekommen ist, und wie ich hier allein stehe, wie der äußere Faden abgerissen ist." Etwas später heißt es in einem Brief an Diepenbrock: „ Neben dem Fenster hängt nun Clemens Bild."[270] Das ist das große Porträt, das Emilie Linder 1835 selbst gemalt hat, das einzige farbige Porträt Brentanos. Nach dem Tod Brentanos ließ sie davon eine Radierung für die Ausgabe der gesammelten Werke Brentanos anfertigen. Aus dem Wenigen, was wir von Emiliens Seite über ihre Beziehung zu Brentano, besonders über das von ihr so schmerzlich erlebte Ende der Beziehung erfahren, spricht doch wohl: Wenn es schon keine Liebe war, wie Brentano sie verstand, so war es doch sicher mehr als nur eine Freundschaft.

12. Wer war Brentano?

Melchior Diepenbrock, der Erzbischof von Breslau, den Brentano am Krankenbett der Emmerick kennen gelernt hatte und mit dem er in Freundschaft verbunden war, sagte nach Brentanos Tod: „Möge Gott, der Milde, ihm den Frieden schenken …, den sein unruhiges Gemüt auf Erden nicht finden konnte: nicht in der Poesie …, nicht in der Liebe und Freundschaft und leider selbst nicht in der Religion."[271]

Dieser schon zu seinen Lebzeiten immer wieder verbreiteten Ansicht hat Brentano selbst entschieden widersprochen: „Ich bin nicht finster, nicht ohne Frieden, nicht menschenfeindlich, habe keine trübe Religionsansicht – nein, ich bin offen, heiter, liebe meine Feinde sehr, dass es mir undenkbar ist, welche zu haben; meine Religion ist keine Ansicht, sie ist einfältiger Glaube an die ewige, in der Zeit geoffenbarte Wahrheit."[272]

Trotz dieser Versicherung Brentanos sind viele Biographen eher dem so apodiktischen Urteil Diepenbrocks gefolgt, obwohl die Briefe Brentanos aus seinen letzten Lebensjahren, vor allem aber auch sein Sterben deutlich zeigen, dass seine Religion nicht nur eine bloße „Ansicht" war, sondern dass sein Leben tief eingebunden war in seinen Glauben.

In den letzten beiden Jahren ist er gequält von Symptomen der Herzschwäche. Es begann mit „Engbrüstigkeit" und der Unfähigkeit, mehr als einige Schritte zu laufen, führte dann relativ schnell zur Wassersucht, so dass er schon einmal über Wochen sein Zimmer nicht verlassen und wegen „stark angeschwollner Füße keine Schuhe und keine Stiefel anziehen"[273] konnte. Die Krankheit, eventuell auch die Behandlung mit Digitalis, hatte ganz erhebliche neurologische und psychische Folgen. So klagte er mehrfach darüber, „dass mein Kopf schwach geworden, mein Gedächtnis mich verlässt."[274] Er musste seine ganze Kraft aufwenden, die Herausgabe des Lebens Mariae, von dem schon drei Bogen gedruckt waren, zu vollenden. Deshalb erfasste ihn auch die Angst, er könnte „zu Grunde gehen, ohne seine Lebensaufgabe zu lösen."[275]

Natürlich war bei seiner manisch depressiven Veranlagung diese Phase des Lebensendes auch von Schwermut geprägt, aber selbst diese Schwermut ist integriert in seine religiösen Vorstellungen, äußert sie sich doch in dem Bewusstsein seiner Schuld, seiner Sünden. In Gebeten und in den Sakramenten findet er dabei einen Halt: „Ich habe einen alten, heiligmäßigen Priester gebeten, morgen das heilige Opfer für mich darzubringen."[276] Auch bereitete er sich auf eine Generalbeichte vor. Oft erinnerte er sich in dieser Zeit an das Beispiel von Anna Katharina Emmerick. „O, wie oft denke ich an die wirre, hilflose, schmerzensvolle Lage der seligen Emmerich; wie immer wieder ein himmlischer Friede auf sie zurückkam, so reichlich, dass sie alle trösten konnte. Wie oft blicke ich um Trost und Mut nach ihr."[277]

In allen Briefen aus dieser Zeit zeigt sich eine tiefe Dankbarkeit gegenüber seiner Familie und seinen Freunden. Besonders lag ihm daran, sich mit den Brüdern Franz und Georg, die das väterliche Geschäft so erfolgreich weitergeführt haben, auszusöhnen. Seine Verachtung, sein Spott über die „Philister", die bürgerliche Welt der Geschäftsleute, hatten ja auch sie getroffen. So bittet er nun den Bruder Franz: „Vergib mir alles Ärgernis, alle Kränkungen, Sorge und Beschädigung, die ich dir und der ganzen Familie von Jugend an zugefügt habe."[278]

Voller Dank ist er für die Gnade Gottes. „Ich stehe in seiner Hand...Wie barmherzig und treu war mir Gott, wie viele Gnade hat er mir geboten und wie oft ließ ich sie fallen."[279] In einem erschütternden Bild sieht er sich als „armer müder und kranker Wandersmann unter einem Kreuze … Mir nicht ferne … liegt von der untergehenden Sonne beleuchtet das himmlische Jerusalem, die Stadt Gottes, unser aller Ziel … wehe ich bin nicht auf dem rechten Weg gewandert ... irrte nach allen Seiten wie in einem Labyrinth; nun aber, da meine Sonne tief steht, und ich krank und müde mit schwerer Last auf dem Weg schwanke, tönt die Stimme des Erlösers vom Kreuze: ‚Kommet her zu mir alle, die ihr mühselig und beladen seid, ich will euch erquicken.'"[280]

So dokumentieren seine Briefe, aber auch sein Testament mit den Verfügungen für mildtätige Zwecke: das Ende seines Lebensweges war praktizierter Vollzug seines Glaubens.

Schon die ersten Biographen Brentanos Diel und Kreiten hatten das oft so negative Urteil über Brentanos Glauben in seinem Sterben widerlegt gesehen: „Diejenigen, welche behauptet haben, dass er den Glauben und die Kraft der Sakramente immer so gerühmt und sich doch unglücklich gefühlt und selbst nicht Trost habe finden können, hätten ihn nur in den letzten Tagen sehen sollen, um begreifen zu lernen, was dieser Glaube und Sakramente vermögen."[281] Es war ein langes und sehr schmerzhaftes Sterben, das Brentano durchleiden musste. Wegen des immer schwächer werdenden Herzens stieg das Wasser in seinem Körper an und drückte ihm die Lungen ab, so dass das Atmen immer kürzer und schmerzhafter, die Luftnot immer größer wurde. In Hoffnung auf Gott, betend hat er dieses Leiden bis zum Ende ertragen. Sein junger Freund van der Meulen war Zeuge dieses Sterbens. „Diese Nacht hat mich reif gemacht", schrieb er einige Tage nach Brentanos Tod „und trat bald darauf in den Orden von La Trappe."[282]

Ergriffen von dem Anblick des toten Freundes schreibt Emilie Linder an Steinle: „O hätten Sie noch die Leiche gesehen, diesen unbeschreiblichen Ausdruck von Ernst und Frieden, der auf seinem Antlitz ruhte, von Sicherheit und Sieg ... erinnernd an die Stelle der Schrift: Sie sind gekommen aus großer Trübsal und haben ihre Kleider gewaschen und helle gemacht im Blute des Lammes."[283]

Viele Zeitgenossen und Biographen haben Brentanos tiefe Einbindung in die Religion, wie sie am Ende seines Lebens so deutlich wird, nicht recht gewürdigt, da sie ihn so ruhelos, so changierend erlebten in seinem Temperament, in seinem Auftreten, in den Themen, die ihn beschäftigten. Brentano hatte selbst einmal von sich gesagt: „Mein Kopf ist eine Summe von vielerlei Naturen, in welchem ich oft ein sehr gemischtes Publikum ertappte.“ [284] Ein Freund, der zusammen mit Brentano und mit einigen anderen Freunden einen Tagesausflug zum Starnberger See gemacht hatte, beschreibt, wie er an einem Tag einige der vielerlei Naturen Brentanos erlebt hat: „Dieser Brentano, derselbe, der über die barmherzigen Schwestern und die Nonne Emmerich geschrieben hat, ist einer der genialsten Menschen, die je gelebt haben. Morgens war er heiter, und ein Witz trieb den anderen; später wurde er verstimmt, ruhig und wehmütig, sprach manches über sein inneres Leben, woraus man sehen konnte, dass er wie von höherer Gewalt getrieben, fast bewusstlos seine schönsten Sachen geschrieben. ... Gegen Abend, als wir auf einem Kahn den See entlang fuhren, fing er an, ein einfaches, schönes Lied zu dichten und zu singen.“[285]

Mit der Bemerkung, er war „einer der genialsten Menschen, die je gelebt haben“, trifft dieser Freund ein Urteil, in dem die vielen Facetten in Brentanos Leben positiv erfasst werden. Frühwald, der ein Großteil seiner Arbeit auf die Erforschung der Schriften und des Lebens Brentanos aufgewandt hat und deshalb als einer der besten Kenner Brentanos gilt, kommt zu der gleichen Feststellung: „Wir sollten uns daran gewöhnen, dass ein Autor von dem Genie und der Begabung Brentanos eine Ausnahmeerscheinung ist.“[286] Anders als seine Zeitgenossen Goethe, Schiller oder Eichendorff, die durch ein Amt, in ihrer Bindung an die Ehe und durch ihren schriftstellerischen Erfolg in der bürgerlichen Gesellschaft Halt, aber auch Begrenzung gefunden hatten, blieb Brentano – darin vielleicht ähnlich dem ebenso ruhe– und ortlosen Heinrich von Kleist – gewissermaßen ein „Außenseiter“, damit offen für die gewaltigen Umbrüche seiner Zeit, in gewissem Maße aber auch schutzlos ausgeliefert.

Brentano begegnete nicht nur sich selbst in seinen „Vielerlei Naturen", sondern er begegnete einer großen Vielzahl von Menschen an den unterschiedlichsten Orten, aus ganz unterschiedlichen Lebenskreisen, aus unterschiedlichen gesellschaftlichen Schichten, Menschen mit unterschiedlichen Weltanschauungen und religiösen Vorstellungen. Kein anderer Schriftsteller in der damaligen Zeit war so viel unterwegs wie Brentano, ist so vielen Menschen begegnet. K. Feilchenfeldt hat in einem eigenen Buch die Reisestationen Brentanos zusammengestellt, er kommt auf 185 verschiedene Orte. Davon hat Brentano eine ganze Reihe vielfach besucht oder für längere Aufenthalte gewählt. Zeit seines Lebens war Brentano ein „Reisender", „der nicht nur die Fahrpläne der ordentlichen Postdienste kennt, sondern auch Extraposten, Landwirte mit ihren Fuhrwerken, Schiffsverbindungen", in Dülmen auch seine eigene Kalesche hatte „und gegen Lebensende sogar Dampfschiffe und Dampfzüge für seine Ortswechsel zu nutzen weiß."[287]

Die ungeheure Zahl von Personen, mit denen Brentano dabei in Kontakt kommt, mit vielen von ihnen auch längere Zeit verbringt und mit einer ganzen Reihe auch weiter in brieflichem Kontakt bleibt, hat Feilchenfeldt ebenfalls im Register seiner Schrift festgehalten. Weder Goethe noch Schiller hatten eine solch weit verzweigte (auch einflussreiche) Verwandtschaft, einen solch riesigen Freundeskreis wie Brentano. Goethes und Schillers Lebenskreis war ausschließlich die hochbürgerliche Welt an der Grenze zur Adelswelt. In diesen Kreisen suchten sie auch ihre Anerkennung. Brentano aber hat gerade in seiner zweiten Lebenshälfte, obwohl er aus der hochbürgerlichen Welt stammte, fast ein mönchisch einfaches Leben geführt. Er hat in Dülmen, in den Heimen in Koblenz und in Frankreich auch Menschen kennen gelernt, die in dieser bürgerlichen Welt keinen Platz mehr fanden. Er hat so nicht nur „den tiefen Riss in seinem eigenen Wesen"[288] erfahren und aushalten müssen. In den vielfältigen Kontakten hat er auch den

Riss in der damaligen Gesellschaft, die Zeichen einer untergehenden Kultur erlebt. Brentano hat auf seine Weise versucht, diese Kluft zu schließen „in der Sprache (Poesie), in der Liebe und im Glauben."[289]

13. Spuren Brentanos in unserer Kultur

Nur wenigen, selbst wenigen Germanisten, ist bewusst, welch tiefe Spuren Brentano, diese „Ausnahmeerscheinung“ in unserer Kultur hinterlassen hat. Einige dieser Spuren will ich deshalb am Ende dieses Lebensbildes kurz aufdecken, denn die meisten Spuren Brentanos sind verdeckt z. T. deshalb, weil er selbst diese Spuren nicht mit seinem Namen verbunden, sie anonymisiert hat, z. T. weil die einseitig am aufklärerischen Fortschritt orientierte Wissenschaft diese Spuren ignoriert hat.

1. Zumindest viele Germanisten wissen noch, dass Brentano einige der schönsten Gedichte der deutschen Lyrik verfasst hat, von denen einige auch heute noch in den Anthologien zu finden sind. Dass einige dieser Gedichte ein damals gerade 22–Jähriger in das Buch der Weltliteratur geschrieben hat, wissen auch viele Kenner der Gedichte nicht. In dem kurzen Exkurs über Brentanos Lyrik[290] habe ich darauf hingewiesen, dass nach dem übereinstimmenden Urteil von Kennern der deutschen Lyrik kein deutscher Dichter es so vermochte, „mit Worten zu musizieren“[291]wie Brentano. Neben seiner besonderen Begabung hatte das seinen Grund darin, dass Brentano mit seinem Singen zur Laute selbst noch in der oralen Literaturtradition stand. Seine Gedichte sind deshalb keine Lesegedichte. Den Klangreichtum dieser Gedichte kann man nur im Sprechen, Hören erfahren.

2. Aus der engen Verbindung Brentanos mit der oralen Kultur, aus seinen vielen Begegnungen mit einfachen Leuten ist auch die Liedsammlung „Des Knaben Wunderhorn“ zu erklären.[292] Brentano hat hier zusammen mit seinem Freund Achim von Arnim einen Schatz von Liedern aus dem durch

die Verbreitung der Lesekultur sich damals abzeichnenden Untergang der oralen Kultur in die Lesekultur hinübergerettet. Da kaum jemand die mehr als tausend Gedichte der Sammlung gelesen hat, ist der Name Brentanos mit der Weitergabe dieser Lieder nicht verbunden worden, obwohl viele dieser Lieder in sehr unterschiedlichen Liederbüchern z. B. von Studenten, von Handwerkern, von Wandervögeln weiter leben bis in den heutigen Tag.

3. In engem Zusammenhang mit seinen Gedichten und mit der Liedersammlung steht Brentanos Verdienst in der Durchsetzung des „Volksliedtons" in der deutschen Lyrik, bis weit in die zweite Hälfte des 20. Jahrhunderts hat er damit die deutsche Lyrik formal bestimmt.[293] Das ist für die Lyrik dieser Zeit so selbstverständlich geworden, dass auch hier die Urheberschaft Brentanos nur wenigen bekannt ist.

4. Noch weniger bekannt ist Brentanos Rolle für die Entstehung der Rheinromantik, die bis heute in der Touristik in Deutschland eine Fortsetzung findet. Selbst japanischen Touristen ist die „Loreley" ein Begriff. Kaum einem, wahrscheinlich auch den meisten Reiseführern nicht, ist bewusst, dass die Loreley eine Erfindung Brentanos ist. Brentano hat in seiner Ballade so genial die Form, den Stil, die Motive von Sagen getroffen, dass er mit dieser Ballade einen „neuen Mythos" geschaffen hat. Das ist ihm so gut gelungen, dass die meisten geglaubt haben, der Inhalt seiner „Loreley" beruhe auf alten Sagen. So hat sich dieser Mythos völlig von seiner Person gelöst. Und paradoxerweise fällt vielen eher das Loreley–Gedicht von Heinrich Heine zu dem Loreley–Felsen ein als das Gedicht Brentanos. Durch seine legendären Rheinreisen 1801 mit Savigny, 1802 mit Achim von Arnim, die wieder zum Ausgangspunkt für seine Rhein–Gedichte und seine Rheinmärchen waren, hat Brentano die Rheinroman-

tik weiter gefördert. Das hat vielleicht noch das literarisch orientierte Bürgertum im 19. Jahrhundert, das dieser Rheinromantik zunächst gefolgt ist, noch mit Brentano verbunden. Doch mit der Ausweitung, Trivialisierung, Verkitschung dieser Romantik in der neueren Touristik ist auch hier der Zusammenhang mit Brentano vergessen.

5. Mit seinen Emmerick–Schriften, besonders mit dem „Bitteren Leiden unseres Herrn Jesu Christi", hat Brentano im Bereich der Glaubenskultur Ähnliches geleistet wie im „Wunderhorn" und der Durchsetzung des „Volksliedtons" im Bereich der Literatur. In dem katholischen und ländlichen Münsterland ist er auf eine volkstümliche lebendige Gebets– und Glaubenstradition gestoßen und hat mit den einfachen Menschen in Dülmen diese Formen des Betens und Glaubens geteilt. Wahrscheinlich völlig unreflektiert hat er damit auch eine Sprachform für sein Spätwerk gefunden, die für breite Volksschichten, die mit der Erweiterung der Schulbildung in eine Lesekultur hineinwuchsen, verständlich und ansprechend war. Den Stoff für seine geistlichen Schriften fand er völlig unerwartet in Anna Katharina Emmerick. Denn nach Dülmen geführt hatte ihn die Stigmatisierte. Zu seiner Überraschung entdeckte er in ihr eine Frau mit einer phänomenalen eidetischen Begabung, für ihn eine „Visionärin". Die für unsere durch Schrift und Literatur geprägte Kultur ungewöhnliche Rolle der Bildvorstellungen in einer Kultur ohne Schrift und Literatur war in dem ländlichen Milieu, in dem Anna Katharina aufgewachsen war, noch erhalten. Anna Katharina hatte keine Schule besucht, hatte ihre Lesekompetenz wahrscheinlich erst richtig in ihrer Klosterzeit (zwischen dem 28. und 38. Lebensjahr) entwickeln können. Sie hat ihre, auch für die damalige Zeit außergewöhnliche eidetische Begabung intensiv gepflegt, da sie in Bildern gebetet, in Betrachtungen gelebt hat. So hat Brentano, wie in sei-

nen Gedichten im „Volksliedton“ und in seinen Märchen die einfachen, in ihrer Ursprünglichkeit aber auch so ergreifenden Bilder auch hier in seine religiöse Prosa übernommen. Er hat damit in seinem Spätwerk Andachtsformen einer oralen Gebets– und Glaubenskultur in ein literarisches Zeitalter gerettet. „Durch diesen Umsetzungsprozess, die Entdeckung, Modernisierung und bildhafte Konzentration volkstümlicher geistlicher Formen erklärt sich auch der überwältigende Erfolg der geistlichen Schriften Brentanos, die in zahlreiche Weltsprachen übersetzt bis zum heutigen Tag in Massenauflagen gelesen werden.“[294] Allerdings ist auch der Erfolg Brentanos mit seinen Emmerick–Schriften nicht mit seinem Namen verknüpft, da Brentano sich nicht als Verfasser oder Herausgeber nennt und sich in den Texten selbst nur anonym als „Schreiber“ oder „Pilger“ zurücknimmt.

6. Eng verknüpft mit seinem „Emmerick–Erlebnis“ in Dülmen und mit seinen geistlichen Schriften ist Brentanos karitative Arbeit. Mit großzügigen Spenden aus seinem persönlichen Vermögen hat er vielfach Bedürftigen Hilfe geleistet. Das Autorenhonorar der Emmerick–Schriften stellte er „milden Stiftungen“ zur Verfügung. Bei der weltweiten Verbreitung der Schriften eine große Summe. In Koblenz hat er die karitative Arbeit des Unternehmers Dietz aktiv unterstützt, hat dafür in seinem großen Verwandten– und Bekanntenkreis auch Spenden eingeworben. In der Nachfolge der Anna Katharina, durch seine Schriften ganz wesentlich gefördert, entstanden drei große sozial tätige Frauenorden.[295] Mit seinem auf Veranlassung von Dietz verfassten Werk über die Barmherzigen Schwestern (ebenfalls anonym erschienen und das Autorenhonorar gestiftet) hat er dem bis dahin in Frankreich ansässigen Orden neue Betätigungsfelder und neue Ordensniederlassungen in Deutschland erschlossen. „Ihr segenbringendes, wahrhaft kulturschöpferisches Wir-

ken in Deutschland und in Österreich ist das Verdienst von Brentanos schöner Werbeschrift", schreibt 1913 ein Herausgeber der Werke Brentanos.[296] Frühwald zählt deshalb zu Recht Brentano „zu den intellektuellen Urhebern jener christlichen Volksbewegung des 19. Jahrhunderts, die der Arbeiterbewegung vorausging."[297]

7. Noch lange nach Brentanos Tod entstand – ähnlich dem touristischen „Loreley–Mythos" – ein religiös–touristischer „Ephesus–Mythos", mit Ephesus als dem Sterbeort Mariens und dem dort zu besichtigenden Sterbehaus Mariens. In Brentanos Darstellung „Das Leben der heiligen Jungfrau Maria" verbringt Maria ihre letzten Lebenstage in Ephesus und stirbt auch dort.[298] Lazaristenmönche suchten 1891/92, der Ortsbeschreibung Brentanos folgend, nach dem Haus und fanden nach ihrer Meinung die Ruine.[299] Die anschließende Suche nach einem Grab blieb allerdings erfolglos. Dennoch wurde das Haus zum Wallfahrtsort für Christen und Muslime, die ebenfalls die Mutter Christi verehren. So ist das Haus in Ephesus der einzige gemeinsame Wallfahrtsort der beiden Religionen auf der ganzen Welt.[300] Viele Verehrer der Emmerick sehen im Auffinden dieses Sterbehauses Mariens nach den „Visionen" der Emmerick eine Bestätigung für die prophetische Gabe der Anna Katharina. Sie lassen sich nicht dadurch stören, dass schon länger in Jerusalem das Grab, mit dem Sarkophag Mariens verehrt wird. Mit Sicherheit handelt es sich bei dem gefundenen Raum nicht um das wahre Sterbehaus Mariens,[301] mit großer Wahrscheinlichkeit ist auch nicht einmal die Beschreibung des Ortes von Anna Katharina Emmerick. Es ist wohl eine Erfindung Brentanos.

Angesichts dieser tiefgehenden Spuren, die Brentano in unserer Kultur hinterlassen hat, ist es wohl angemessen mit einem Gedicht Brentanos zu schließen, in dem er sich in der

Metapher des Sämanns sieht. Es macht auch deshalb Sinn, mit diesem Gedicht eine Betrachtung seines Lebens zu beschließen, weil die Bilder, Metaphern, Verse des Gedichtes über lange Zeit seines Schaffens immer wieder erneut auftauchen, bis zu der Fassung dieses Gedichtes immer weiter entwickelt, verdichtet werden, wie H. M. Enzensberger in der Genese dieses Gedichtes ausführlich gezeigt hat.[302] Deshalb sagt Lübbe–Grothues, die das Gedicht ausführlich interpretiert hat: „Das Gedicht ist ein umfassendes Lebenszeugnis des Dichters, eine Art Rechenschaft, die in den Schlussversen zu einer Chiffre zusammengedrängt wird.“[303]

Was reif in diesen Zeilen steht

Was reif in diesen Zeilen steht,
Was lächelnd winkt und sinnend fleht,
Das soll kein Kind betrüben,
Die Einfalt hat es ausgesäet,
Die Schwermut hat hindurch geweht,
Die Sehnsucht hat's getrieben;
Und ist das Feld einst abgemäht,
Die Armut durch die Stoppeln geht,
Sucht Ähren, die geblieben,
Sucht Lieb', die für sie untergeht,
Sucht Lieb', die mit ihr aufersteht,
Sucht Lieb', die sie kann lieben,
Und hat sie einsam und verschmäht
Die Nacht durch dankend im Gebet
Die Körner ausgerieben,
Liest sie, als früh der Hahn gekräht,
Was Lieb' erhielt, was Leid verweht,
Ans Feldkreuz angeschrieben,
O Stern und Blume, Geist und Kleid,
Lieb', Leid und Zeit und Ewigkeit![304]

In den Metaphern des Säens und Erntens sind in dem Gedicht die beiden Bilder „Getreidefeld“ und „Gedicht“ nebeneinander gestellt, ständig wechseln diese beiden Bildebenen oder gehen unmerklich ineinander über. Zusammengehalten werden diese beiden so unterschiedlichen Bilder durch die beiden Metaphern „Zeilen“ und „lesen“. Das Korn steht auf dem Feld in „Zeilen“ wie das Gedicht auf dem Papier. Die letzten Ähren werden „gelesen“ wie die Verse des Gedichtes. Im Mittelpunkt des Gedichtes, auch formal, steht die Suche nach Liebe, das Leitmotiv für Brentanos Lebensweg (auch das Leitmotiv meiner Darstellung seines Lebens). Gesucht wird eine allumfassende Liebe: Eine Liebe bedingungslos „die für sie untergeht“, eine hoffnungsfrohe erlösende Liebe „die mit ihr aufersteht“, eine tief Gemeinschaft stiftende, gegenseitig bindende Liebe, „die sie kann lieben.“

Am Ende wird diese Liebe vom Kreuz verkündet. Eine solche Liebe, wo Lieb’ und Leid ineinander aufgehen, das Leid verweht, die Liebe aber erhalten wird, ist von Christus am Kreuz gestiftet. Und hier haben für Brentano, dem prophezeit worden ist: „Dein Land ist nicht auf Erden“, Himmel und Erde zusammengefunden. In den beiden Schlussversen werden Elemente der beiden Sphären wie in einem Gebet der Verehrung, des Lobpreises in bedeutungsschweren Metaphern zusammengefasst:

> O Stern und Blume, Geist und Kleid,
> Lieb’, Leid und Zeit und Ewigkeit!

In den Wortpaaren klingen jeweils Himmel und Erde zusammen. Die Blume erscheint, wie so oft in Gedichten Brentanos als Widerspiegelung eines Sterns. „Geist und Kleid“ verweist auf die Dimension von Himmel und Erde in der Gestalt, im Leben des Menschen. Es steht hier nicht, wie man erwarten könnte Leib, sondern „Kleid“. Brentano meint die Gestalt, die der Mensch sich auf Erden gibt. Das Zusammenfallen von Lieb' und Leid zeigt die Pole in der Gefühlswelt. Dieses Zusammenfallen von Lieb' und Leid ist ein zentraler Gedanke bei Brentano: Wer liebt, ist verletzbar. Wer um der Liebe willen Leid erträgt, zeigt seine Liebe. Letztlich ist das in Christus verwirklicht, der in Liebe alles Leid ertragen und durch sein Leiden seine Liebe bezeugt hat. Und so fallen die Dimensionen der Zeit und Ewigkeit auch hier zusammen. Ewigkeit zeigt sich schon in der (Lebens–) Zeit, wird am Ende in der Ewigkeit aufgehoben.

Die so inhaltsschweren Worte der beiden letzten Verse sind völlig herausgelöst aus einem Satzzusammenhang, aus einem logischen Zusammenhang und aus dem durchgehenden Reimschema. Ohne Verben werden die Substantive nebeneinander gesetzt. Jedes dieser Worte ist wie das Anschlagen einer Glocke, im Nachklingen schwingen die Assoziationen mit, die mit diesen so bedeutungsreichen Worten beim Hörer oder Leser geweckt werden. Das ist höchst kunstvoll gemacht und sehr modern. „Was reif in diesen Zeilen steht" kündet also von der Aufhebung des Irdischen im Ewigen. Das ist, was Brentano sich nach seiner Lebenswende von Kunst gewünscht hat.

Die intensive Beschäftigung mit Brentano hat mir das Abenteuer eines Lebens in einer Schwellenepoche gezeigt. Wie ein Seismograph dieser Zeit hat Brentano die Umbrüche, die bis in unsere Zeit hineinreichen, erfahren mit der existenziellen Gefährdung, der Suche nach Sinn, der Suche nach Liebe.

Dabei ist mir auch deutlich geworden: eine Schule, die seinen Namen trägt, kann stolz sein auf ihren Namenspatron, eine Stadt, die diesem Mann für ganz wesentliche Jahre seines Lebens Heimat war, die durch seine Schriften in der Welt bekannt geworden ist, kann sich ebenfalls nicht genug rühmen.

Anmerkungen

1 Hümpfner,
2 Günzel, S. 102
3 Günzel, S. 60
4 Brieger, S. 32
5 Hoffmann, S. 27
6 Günzel, S. 56, 59
7 Godwi, S. 186
8 Hoffmann, S. 30
9 Godwi, S. 186
10 Hoffmann, S. 30
11 Hoffmann, S. 29
12 GB II, S. 348
13 Godwi, S. 320
14 Godwi, S. 321
15 Godwi, S. 322; s. Hoffmann, S. 38; Brieger, S. 59/60
16 Enz. –Gedichte, S. 266
17 Migge, S. 11
18 Enz. –Gedichte, S. 271
19 Hoffmann, S. 49
20 Migge, S. 8
21 Adam, S. 42
22 GB I, S. 102
23 Unsterbl. Leben, S. 110
24 Adam, S. 74
25 Migge, S. 7
26 Günzel, S. 102
27 Diel/Kreiten I, S. 65
28 FBA 29, S. 148
29 Schmetterling, S. 48
30 Schmetterling, S. 63
31 Brieger, S. 95; Migge, S. 23
32 Schmetterling, S. 54
33 Migge, S. 20
34 Safranski, S. 13
35 Migge, S. 12
36 veröffentlicht 1811, in der Urfassung aber schon 1799 im Kreis von Jena vorgetragen.
37 Mit dem Gegensatzpaar: „Bindung und Abenteuer" bezeichnet Adam auch Brentanos Emmerick –Erlebnis
38 Adam, S. 108
39 Adam, S. 69
40 Mereau –Briefe, S. 8/9
41 Eichendorff, Werke XI, S. 255
42 Hoffmann, S. 74
43 Gersd. –Leben, S. 132/133
44 Schmetterling, S. 98
45 Mereau –Briefe, S. 41/42
46 Schmetterling, S. 102
47 Adam, S.24
48 Mereau –Briefe, S. 48
49 Mereau –Briefe, S. 49
50 Mereau –Briefe, S. 23
51 Mereau –Briefe, S. 49
52 Frühw. – Symposion, S. 146
53 Schmetterling , S. 127
54 Mereau –Briefe, S. 184
55 Werke I, S. 170 ff.
56 FBA 31, S. 239 ff.
57 Brieger, S. 207
58 Hoffmann, S 171
59 Hoffmann, S. 181
60 Hoffmann, S. 176
61 Hoffmann, S. 176
62 Migge, S. 29
63 Schmetterling, S. 169
64 FBA 31, S. 239 ff.; s. a. Schmetterling, S. 172
65 Schmetterling, S. 189

66 Frühw. –Poesie, S. 64
67 Schmetterling, S. 185
68 Schmetterling, S. 185
69 FBA 32, S. 61
70 Enz. –Requiem, S. 34
71 Schmetterling, S. 204
72 Enz. –Requiem, S. 87/88
73 Enz. –Requiem, S. 252/53
74 Hoffmann, S. 211
75 GB II, S. 310/11
76 Enz. –Requiem, S. 101
77 Enz. –Requiem, S. 134, 127
78 Werke 1, S. 264
79 Schmetterling, S. 249
80 Wunderhorn, S. 11 –12
81 DIE ZEIT 9.12.2010, S. 49
82 Röllecke, S. 452
83 Schmetterling, S. 154
84 Henel, S. 74
85 Langen, Deutsche Lyrik II, S. 21/22
86 Alewyn, Interpretationen, S. 156
87 Interpretiert haben das Gedicht: Killy, Wandlungen des lyr. Bildes, S. 53 ff.; Schöne, Deutsche Lyrik, II, S. 11 ff.
88 Frühw. –Ewigkeit, S. 267
89 Frühw. –Ewigkeit, S. 266
90 Frühw. –Ewigkeit, S. 275
91 Kolloquium 1978, S. 1
92 Dornen, S. 4
93 Enz. –Gedichte, S. 10
94 Schmetterling, S. 346
95 Schmetterling, S. 360
96 FBA 33, S. ????
97 Safranski, S. 13
98 GB II, S. 348; s. auch S. 311
99 FBA 33, S. 195 –210 aus dem berühmten Brief an Ringeis 1816 (Nr. 687)
100 Dornen, S. 142/43
101 Schmetterling, S. 367
102 Hoffmann, S. 313
103 Werke 1, S. 352
104 FBA 33, S. 248
105 Adam, S. 53
106 Adam, S. 30
107 Hoffmann, S. 318
108 Adam, S. 55
109 FBA 33, S. 250
110 FBA 33, S. 251
111 FBA 33, S. 256; Adam, S. 53
112 Werke 1, S. 407/08
113 Werke 1, S. 409
114 Werke 1, S. 408
115 Adam, S. 70
116 FBA 28,1, S. 13/14
117 Tagebuch, 21, S. 87
118 FBA 33, S. 388
119 FBA 33, S. 334
120 FBA 33, S. 336
121 FBA 33, S. 333
122 Adam, S. 134
123 Adam, S. 74
124 Tagebuch 1, S. 51 ff.
125 FBA 28,1, S. 31
126 FBA 28,1, S. 31
127 FBA, 28,1, S. 27
128 GB I, S.301
129 Tagebuch 1, S.75
130 Werke 1, S. 445/446, das Gedicht hat er in den ersten Monaten seines Aufenthaltes in Dülmen geschrieben.
131 Tagebuch 09, II, S. 129
132 FBA 33, S. 331
133 Wesener. 473
134 Akten, S. 399.
135 Akten, S. 399/400
136 Wesener, S. 461
137 Wesener, S. 462
138 Akten, S. 401
139 FBA 34, S. 23/24
140 Wesener, S. 463

141 Akten, S. 398/99
142 Wesener, S. 285 Anm. 1
143 Wesener, S. 463
144 Dlel/Kreiten, II, S. 218/19
145 Akten, S. 343, Anm. 1 zu 342
146 Diel/Kreiten II, S. 218
147 Trotz der nachträglichen Bearbeitung vieler Stellen zeigt das Dülmener Tagebuch, wie bruchstückhaft, oft auch zusammenhanglos die Mitteilungen waren.
148 FBA 34, S. 375
149 Tagebuch 14, S. 14
150 Tagebuch 36, S. 85
151 Tagebuch 32, S. 57/58
152 Tagebuch 23, S. 10
153 Schmöger II, S. 824
154 Tagebuch 4 b, S. 75/76
155 GB II, S. 5
156 Adam, S. 137
157 Adam, S.138
158 FBA 34, S. 25
159 FBA 34, S. 34
160 Diel/Kreiten II, S. 417
161 Adam, S.140
162 FBA 34, S. 385
163 Wesener, S. 369
164 GB II, S. 272
165 FBA 34, S. 152
166 Diel/Kreiten, II, S. 214
167 Aus einem Brief Krabbes an Luise Hensel, Emmerickchiv
168 Diel/Kreiten II, S. 190/91
169 Diel/Kreiten II, S. 283; das erinnert an das Sonett von Sophie Mereau auf Brentanos Büste
170 Diel/Kreiten II, S. 288
171 GB II, S. 57 u. 68
172 Adam, S. 144
173 Vortriede, AB, S. 253. Natürlich weiß auch Frühwald, dass von Arnim selbst diese Bemerkung nicht auf Brentano bezogen hat. Er meint aber, dass Brentano mit seiner schrankenlosen Wissbegierde unbewusst eine solche Rolle für Emmerick gespielt habe.
174 GB II, S. 22
175 Akten, S.405
176 Wesener, S. 467.
177 Adam gibt seiner profunden Untersuchung von „Brentanos Emmerickerlebnis" den Untertitel „Bindung und Abenteuer". Er zeigt, wie dieser Drang zum geistigen Abenteuer Brentanos Leben in entscheiden den Phasen bestimmt.
178 Eine Ahnung von dem Ausmaß seiner Lektüre bekommt man z. B. bei der Durchsicht des zu dem „Bitteren Leiden" veröffentlichten Zusatzbandes, in dem die Quellen Brentanos dargestellt sind: FBA Bd. 27,2.
179 Leider wird das in der Arbeit von Engling „Die Wende im Leben Brentanos" nicht berücksichtigt.
180 FBA 28,1, S. 407
181 Adam, S. 147, s. dazu auch Adams Kritik, S. 151 ff.
182 Adam, S. 143
183 Adam, S. 135
184 FBA 34, S. 177
185 FBA 28,1, S. 512
186 Tagebuch 37, S. 180
187 Tagebuch 37, S. 116
188 Tagebuch 37, S. 83
189 Tagebuch 37, S. 180
190 GB II, S. 6; S. 46

191 Tagebuch 37, S. 120
192 FBA 28,1, S. 397
193 FBA 28,1, S. 405
194 GB II, S. 73
195 GB II, S. 76
196 Adam, S.187
197 GB II, S. 102
198 GB II, S. 140
199 FBA 34, S. 119
200 DH 1985, S. 6
201 GB II, S. 115
202 Tagebuch 15, S. 30; S. 36
203 Tagebuch 22, S. 8
204 Tagebuch 1 b S. 18
205 Adam, S. 114
206 Tagebuch 2 II, S. 80
207 Tagebuch 3 III, S. 1
208 FBA 33, S. 389
209 GB II, S. 87 s. dazu auch: Adam, S. 232 ff.
210 FBA 34, S. 191/92
211 FBA 34, S. 182: 275; 296
212 FBA 34, S. 208
213 FBA 34, S. 339
214 Gotteskreis, S. 226 und 264; S. 275 und 276; S. 209 und 215; S. 116 –118 und S.125 und 126 und 230 –32
215 Adam, S. 108
216 Adam, S. 114, S. 147
217 Adam, S. 108
218 Adam, S. 236. Man kann Brentano deshalb wohl kaum als „Theologen“ bezeichnen, wie es Engling tut. S. 216 ff.
219 GB I, S. 178
220 GB II, S. 33
221 Diel/Kreiten II, S. 327
222 Diel/Kreiten II, S. 336
223 GB II, S. 130
224 Diel/Kreiten II, S. 405
225 Cardauns, S. 65
226 Diel/Kreiten II, S. 313
227 Diel/Kreiten II, S. 1411
228 Adam, S. 67,
229 Diel/Kreiten II, S. 389/90
230 Gruber, S. 169; Gruber hat die Beziehung von Clemens Brentano zu E. Linder gut nach den vorliegenden Quellen skizziert, in vielem folge ich ihrer Darstellung.
231 Diel/Kreiten II, S. 463
232 Linderbriefe, S. 305
233 Linderbriefe, S. 307
234 Gruber, S. 175
235 Werke 1, S. 531
236 Matthäus 11,12
237 Frühw. –Spätwerk, S. 314
238 Gruber, S.182
239 Gruber, S. 175/76
240 Werke 1, S. 532/33
241 Boetius, S. 41
242 Aus dem Gedicht: „Am Tage vor dem Abendmahl“, Werke 1, S. 407 f.
243 Aus dem Gedicht: „Wie treu scheint Gottes Sonne“, Werke 1, S. 419 f.
244 Aus dem Gedicht: Kennst du das Land, Gedichte, S. 431–438, zitiert die 9. Strophe, S. 433
245 FBA Bd.34, S. 178; Brentano berichtet darüber, dass man durch die Bauchdecke das Rückgrad fühlen konnte.
246 Adam S. 213 ff.
247 Tagebuch. 38, S. 137
248 FBA 34, S. 377
249 Linderbriefe, S. 18, von Ende 1833
250 GB II, S. 330

251 Werke 1, S. 535

252 Werke 1, S. 550

253 Zitiert nach Adam, S. 202/03

254 Linderbriefe 2, S. 255

255 Migge, S. 34. Der Text Brentanos wurde erst 1976 (8 Jahre nach Migges Buch) veröffentlicht.

256 Linderbriefe, S. 19

257 Linderbriefe, S. 51/52

258 Linderbriefe, S. 50

259 Werke 1, S. 606

260 Linderbriefe 2, S. 256

261 Werke 1, S. 547

262 Linderbriefe, S. 83

263 Linderbriefe, S. 162

264 Linderbriefe, S. 30

265 Linderbriefe, S. 160

266 Gruber, S. 214/15

267 Schmetterling, S. 458/59

268 Gruber, S. 216

269 Gruber, S. 169

270 Zitiert nach Engling, S. 91/92

271 Hoffmann, S. 374

272 Diel/Kreiten, II, S. 423

273 GB II, S. 415

274 GB II, S. 408, 396

275 GB II, S. 396

276 GB II, S. 399

277 GB II, S. 416

278 GB II, S. 399

279 GB II, S. 411

280 GB II, S. 418/19

281 Diel/Kreiten II, S. 552

282 Diel/Kreiten II S. 555

283 Hoffmann, S. 379

284 GB II, S. 16

285 Feilchenfeldt, S. 13

286 Symposion I, S. 146

287 Feilchenfeldt, S. 12

288 Adam, S. 195/96

289 Frühw. –Leben, S. 8

290 In dieser Arbeit S. 17 ff.

291 Henel, S. 154

292 In dieser Arbeit S. 15 ff.

293 In dieser Arbeit S. 16 ff.

294 Frühw. –Poesie, S. 57

295 Die Gründerinnen waren Schülerinnen von Luise Hensel, der Freundin von Anna Katharina und Clemens Brentano. In dem von ihr geleiteten Internat St. Leonhard in Aachen hat Hensel das Andenken an Emmerick in besonderer Weise gepflegt. Die Ordensgründerinnen waren: F. Schervier gründete die Genossenschaft der Schwestern vom hl. Franziskus; P. von Mallinkrodt die der Schwestern von der christlichen Liebe; K. Fey die vom Armen Kinde Jesu. Die drei Ordensgründerinnen sind inzwischen selig gesprochen.

296 Cardauns, S. 65

297 Frühw.Poesie, S. 57

298 Das Leben der hl. Jungfrau Maria, S. 404 ff.

299 Hesemann, s.a.Nobel

300 Inzwischen haben drei Päpste die Stätte besucht: Paul VI. 1967; Johannes Paul II. 1979; Benedikt XVI. 2006

301 Siehe dazu Vordtriede,

302 Enz. –Poetik, S. 75 – 81

303 Lübbe, S. 271

304 Werke 1, S. 619

LITERATURVERZEICHNIS

QUELLEN

Akten der kirchlichen Untersuchung über die stigmatisierte Augustinerin Anna Katharina Emmerick nebst zeitgenössischen Stimmen, hg. von P. Winfried Hümpfner, Würzburg 1929
Zitiert: Akten

Anna Katharina Emmerick, Der Gotteskreis – aufgezeichnet von Clemens Brentano, hg. von Anton Brieger, München 2. Auflage 1966
Zitiert: Gotteskreis

Brentano, Clemens, Anna Katharina Emmerick – Visionen aus dem Tagebuch Brentanos in erstmaliger Veröffentlichung der Urtexte, Heft 1 –38, hg. von Jozef de Raedemaeker, , Eigenverlag Mechelen – Belgien o. J.
Zitiert: Tagebuch

Brentano, Clemens, Briefe an Emilie Linder, hg. von Wolfgang Frühwald, Berlin 1969
Zitiert: Linderbriefe

Brentano, Clemens, Gesammelte Briefe Bd.I u. II, Frankfurt 1855
Zitiert: GB

Brentano, Clemens, Godwi oder das steinerene Bild derMutter, hg. von Ernst Behler Stuttgart 1994
Zitiert: Godwi

Brentano, Clemens, Werke und Briefe, Frankfurter Brentano –Ausgaben
Zitiert: FBA

Brentano, Clemens, Werke Bd. 1 (Gedichte), Studienausgabe München 1978
Zitiert: Werke 1

Das unsterbliche Leben – Unbekannte Briefe von Clemens Brentano, hg. von Wilhelm Schellberg und Friedrich Fuchs, Jena o. J.
Zitiert: UL

Der andere Brentano – Nie veröffentlichte Gedichte, hg. von Henning Boetius, Frankfurt 1985
Zitiert: Boetius

Des Knaben Wunderhorn, Alte deutsche Lieder gesammelt von L. Achim von Arnim und Clemens Brentano, hg. Willi A.Koch , Düsseldorf 2008
Zitiert: Wunderhorn

Eichendorff, Joseph von, Werke in sechs Bänden hg. von Wolfgang Frühwald, Brigitte Schillbach und Hartwig Schultz, Frankfurt 1985 – 1993 Feilchenfeldt, Konrad und Frühwald, Wolfgang, Clemens Brentano: Briefe und Gedichte an Emilie Linder. Ungedruckte Handschriften aus dem Nachlaß von J.B. Diel, in: JB FDH 1976
Zitiert: Linderbriefe II

Lebe der Liebe und liebe das Leben – Briefwechsel von Clemens Brentano und Sophie Mereau, hg. von Dagmar Gersdorff, Frankfurt 1981
Zitiert: Mereau –Briefe

Wesener, Franz Wilhelm., Tagebuch, hg. von P. Winfried Hümpfner, Würzburg 1929
Zitiert: Wesener

SEKUNDÄRLITERATUR

Adam, Joseph, Brentanos Emmerick –Erlebnis – Bindung und Abenteuer, Freiburg 1956
Zitiert: Adam

Bellmann, Werner, Brentanos Lore Lay –Ballade und der antike Echo –Mythos, in: Clemens Brentano, Beiträge des Kolloquiums im Freien Deutschen Hochstift 1978, Tübingen 1980
Zitiert: Lore Lay

Brieger, Anton, Clemens Brentano – Weg und Wandlung, Stein am Rhein 2006
Zitiert: Brieger

Cardauns, Hermann, Klemens Brentano. Beiträge, namentlich zur Emmerich –Frage, Köln 1915
Zitiert: Cardauns

Diel, Johannes B. und Kreiten, Wilhelm, Clemens Brentano – Ein Lebensbild nach gedruckten und ungedruckten Quellen, Freiburg Bd. 1 1877, Bd. 2 1878
Zitiert: Diel/Kreiten

Engling, Clemens, Die Wende im Leben Brentanos – Folgen der Begegnung mit Anna Katharina Emmerick, Würzburg 2009
Zitiert: Engling

Enzensberger, Hans Magnus, Brentanos Poetik, dtv 118 München 1973
Zitiert: Enz. –Poetik

Enzensberger, Hans Magnus (Hg.), Clemens Brentano – Gedichte, Erzählungen, Briefe, Frankfurt 1981Zitiert: Enz. –Gedichte

Enzensberger, Hans Magnus, Requiem für eine romantische Frau – Die Geschichte von Auguste Bussmann und Clemens Brentano, Berlin 1988
Zitiert: Enz. –Requiem

Feilchenfeldt, Konrad, Brentanos Chronik. Daten zu Leben und Werk, München1978 Zitiert: Feilchenfeldt

Frühwald, Wolfgang, Das Spätwerk Clemens Brentanos (1815 –1842) – Romantik im Zeitalter der Metternich'schen Restauration, Tübingen 1977
Zitiert: Frühw. –Spätw.

Frühwald, Wolfgang, Das Wissen und die Poesie – Anmerkungen zu Leben und Werk Clemens Brentanos, in: Clemens Brentano, Beiträge des Kolloquiums im FDH 1978, Tübingen 1980
Zitiert: Frühw. –Poesie

Frühwald, Wolfgang, Die Emmerick –Schriften Clemens Brentanos, in: Emmerick und Brentano – Symposion, Dülmen 1983
Zitiert: Symposion

Frühwald, Wolfgang, Die Ewigkeit der Erinnerung – Zur Lyrik Clemens Brentanos, in: JB FDH 1993Zitiert: Frühw. –Ewigkeit

Frühwald, Wolfgang, Von der Macht der Phantasie – Zu Leben und Werk Clemens Brentanos, in: Dülmener Heimatblätter, Sonderheft 1985
Zitiert: DH 1985

Gersdorff Dagmar, Dich zu lieben kann ich nicht verlernen. Das Leben der Sophie Brentano –Mereau, Frankfurt 1984
Zitiert: Gersd. –Leben

Gruber, Sabine Claudia, Denn meine Seele liebt, die ihre läßt sich lieben – Clemens Brentano und Emilie Linder, in: Auf Dornen oder Rosen hingesunken? – Eros und Poesie bei Clemens Brentano, hg. von Hartwig Schultz Berlin 2003
Zitiert: Gruber

Günzel, Klaus, Die Brentanos – Eine deutsche Familiengeschichte, Zürich 1993
Zitiert: Günzel

Henel, Heinrich, Clemens Brentanos erstarrte Musik, in: Clemens Brentano, Beiträge des Kolloquiums im FDH 1978, Tübingen 1980
Zitiert: Henel

Hesemann, Michael, Das Haus Mariens in Ephesus, Tagespost vom 28.11. 2006
Zitiert: Hesemann

Hoffmann, Werner, Clemens Brentano – Leben und Werk, Bern 1966
Zitiert: Hoffmann

Hümpfner, P. Winfried, Clemens Brentanos Glaubwürdigkeit in seinen Emmerick –Aufzeichnungen, Würzburg 1923
Zitiert: Hümpfner

Lübbe –Grothues, Grete, Clemens Brentano: „Was reif in diesen Zeilen steht“, in: JB FDH 1982 Zitiert: Lübbe

Migge Walther, Clemens Brentano – Leitmotive seiner Existenz, Pfullingen 1985
Zitiert: Migge

Nobel, Alphons, Wo liegt das wirkliche Mariengrab, Ruhrnachrichten vom 14.08. 1965
Zitiert: Nobel

Rölleke, Heinz, Hugo von Hofmannsthal und des Knaben Wunderhorn, in: JB FDH 1976
Zitiert: Rölleke

Safranski Rüdiger, Romantik – Eine deutsche Affäre, München 2007
Zitiert: Safranski

Schmoeger, Karl Erhard, Das Leben der gottseligen Anna Katharina Emmerich, 2 Bde. Freiburg 1867 –1870

Scholz, Günter, Anna Katharina Emmerick – Kötterstochter und Mystikerin, Dülmen 5.Auflage 2010

Schultz, Hartwig (Hg.), Auf Dornen oder Rosen hingesunken? – Eros und Poesie bei Clemens Brentano, Berlin 2003
Zitiert: Dornen

Schultz, Hartwig, Schwarzer Schmetterling, – Zwanzig Kapitel aus dem Leben des romantischen Dichters Clemens Brentano, Berlin 2000
Zitiert: Schmetterling

Schultz, Hartwig, „Unsre Lieb aber ist außerkohren" – Die Geschichte der Geschwister Clemens und Bettine Brentano, Frankfurt 2004
Zitiert: Geschwister

Vortriede, Werner, Clemens Brentanos Anteil an der Kultstätte in Ephesus, in: Deutsche Vierteljahrsschrift für Literaturwissenschaft und Geistesgeschichte, 34. Jg. Bd. XXXIV Stuttgart 1960, S. 384 –401
Zitiert: Vortriede

Vortriede, Werner, Achim und Bettina von Arnim, Frankfurt 1981
Zitiert: Vortriede AB